Hans-Wilm Schütte

Wie weit kam Marco Polo?

REIHE GELBE ERDE 1

OSTASIEN Verlag

Bibliographische Information der Deutschen Nationalbibliothek
Die Deutsche Nationalbibliothek verzeichnet diese Publikation in der Deutschen Natio-
nalbibliographie; detaillierte bibliographische Daten sind im Internet über
http://dnb.d-nb.de abrufbar.

ISBN-10: 3-940527-04-1
ISBN-13: 978-3-940527-04-2

Redaktion, Satz und Umschlaggestaltung: Martin Hanke und Dorothee Schaab-Hanke
Druck und Bindung: Rosch-Buch Druckerei GmbH, Scheßlitz
Printed in Germany

„Bei allem immanenten Interesse an Marco Polos Buch mag man doch zweifeln, ob es über Generationen hinweg auf viele Leser solch anhaltende Faszination ausgeübt hätte ohne die schwierigen Fragen, die es stellt. Es ist ein großartiges Werk voller Rätsel, wobei wir im Vertrauen auf das menschliche Wahrheitsstreben glauben, dass es zu jedem Rätsel eine Lösung gibt."

(Henry Yule, *The Book of Ser Marco Polo*)

Inhalt

Vorbemerkung und Danksagung

Der vorliegende Text geht auf einen doppelten Anlass zurück: das 700jährige Jubiläum der poloschen Weltbeschreibung im Jahr 1998 sowie das Erscheinen des Buchs von Frances Wood drei Jahre zuvor. Angesichts von dessen Inhalt, den jeder Fachmann sogleich als dürftig erkennen konnte, erstaunte die weltweite mediale Beachtung, die der Publikation zuteil wurde. Ihr Erfolgsrezept: Wärme Altbekanntes wieder auf, das andere schon vergessen haben, und suggeriere dem Leser dabei, er erfahre sensationell Neues.

Ich reagierte darauf seinerzeit mit einem Vortrag, in dem ich vor allem *Common Sense* zur Sprache kommen ließ. Man muss nicht viel wissen über Polos Buch und seine Entstehung, um Woods Argumente als unzureichend zu erkennen – unzureichend für eine Schlussfolgerung, die sie den Lesern nahe legt, vor deren expliziter Formulierung sie aber wohlweislich zurückschreckt: der These nämlich, dass Marco Polo nie bis nach China gelangte. Gleichwohl galt sie überall als Protagonistin dieser Ansicht, die fortan vielfach als letzter Forschungsstand gehandelt wurde.

Mein Vortrag wurde anschließend auf Beschluss der Hamburger Sinologischen Gesellschaft in nur wenig erweiterter Fassung als Nr. 9 von deren *Mitteilungen* einer naturgemäß begrenzten akademischen Öffentlichkeit präsentiert. Dass der neu gegründete OSTASIEN Verlag mir nun die Gelegenheit gab, den Text in einer revidierten und um weitere inhaltliche Gesichtspunkte sowie neue Erkenntnisse vermehrten Fassung einer breiteren Öffentlichkeit zugänglich zu machen, ist mir eine besondere Freude und Ehre.

Ich danke dabei in erster Linie dem Verlegerehepaar Dr. Dorothee Schaab-Hanke und Dr. Martin Hanke, die den Text mit konstruktiver Kritik zu verbessern halfen und ihn für würdig erachteten, mit ihm ihre „Reihe Gelbe Erde" zu eröffnen.

Ebenso geht mein Dank an Prof. Dr. Hans Stumpfeldt, der das Vorwort beisteuerte und seinerzeit die Erstveröffentlichung im Rahmen der *Mitteilungen* veranlasste.

Trotz des wissenschaftlichen Anspruchs der Publikation wurden im Interesse einer besseren Lesbarkeit Anmerkungen auf ein Minimum beschränkt. Die Literaturliste am Schluss verweist jedoch auf die dieser knappen Abhandlung zugrunde liegenden Werke und mag den Leser anregen, die spannende Beschäftigung mit Marco Polo nach eigenem Dafürhalten weiter zu vertiefen.

Hans-Wilm Schütte

Vorwort

„Er lebt noch heute – oh, er ist sehr lebendig", schrieb Eugene O'Neill (1888–1953) in dem Vorwort zu seinem Schauspiel „Marcos Millionen", das 1928 uraufgeführt wurde. In diesem stellt er dar, wie dem Knaben und romantisch gesinnten Marco Polo durch Vater und Onkel, skrupellose Geschäftsleute beide, seine Seele ausgetrieben wird, bis er im Dienst des Großkhans in China Papiergeld und Kanonen erfindet, auch Millionen macht und am Ende in Venedig mit seinem Geld und China protzt.

Mitte der 90er Jahre komponierte der chinesische Komponist Tan Dun (*1957) eine Oper „Marco Polo". Er spaltet die Titelgestalt in zwei Persönlichkeiten auf: Der von einer Mezzosopranistin gesungene Marco ist ein vielsprachiger neugieriger Forscher, der durch einen Tenor dargestellte Polo wandert in Phantasiewelten – beide auf Ichsuche und der Reise zum Lebenssinn.

Fürwahr, Marco Polo ist nicht tot! Nicht als Mensch und Gestalt der Geschichte lebt er jedoch fort, sondern als Legende und Sinnbild oder gar als Inbegriff phantastischer Sehnsuchtswanderungen und Selbstergründungen. Ihn mag sich jeder anverwandeln, wie ihm das beliebt und wie das zu der eigenen Wesensart passt. Tan Dun und O'Neill bieten zwei Beispiele.

Abb. 1: Frontispiz von *Das Buch des edlen Ritters Marco Polo* (Nürnberg 1477), der ersten deutschen Ausgabe seiner „Beschreibung der Welt"

Über den Menschen Marco Polo blieb wenig überliefert. Das Werk, das seinem Namen unauflöslich verbunden ist, hat mehrere Titel: „Die Wunder der Welt" oder „Die Beschreibung der Welt", und deren Urheber wurde schon früh mit dem Beinamen „Il Milione" belegt, den die einen als „Prahlhans" oder

„Aufschneider" deuteten, während andere ihn als „Millionen-lüstling" verstanden. Wahrscheinlich war „Il Milione" nur ein – nicht recht gedeuteter – Zusatz zum Familiennamen, der auch dem Vater schon beigegeben worden war, wie eine zeitgenössische Notiz erweist. – Je weniger über eine einzigartige Gestalt an Tatsächlichem bekannt ist, desto genauer lässt sich über sie rätseln und fabulieren, lässt sie sich der eigenen Person und ihren Phantasiebildern anverwandeln.

Abb. 2: Frontispiz der lateinischen Marco Polo-Ausgabe von 1671

Die Anverwandlungen des Marco Polo durch andere begannen schon früh – in dem Augenblick, in dem sein Mithäftling Rustichello sich anschickte, seine Erzählungen niederzuschreiben.

Natürlich musste er diese in eine Ordnung bringen. Ebenso natürlich vergaß er einiges von dem Erzählten, ließ manches aus anderen Gründen aus und fügte Angelesenes hinzu. Wie aber fand er bei der Niederschrift die Ordnung des Materials, wer half ihm bei der Schreibung der ihm gewiß weitgehend unbekannten Namen von Personen, vor allem von Orten? Half Marco Polo dabei? Faszinierend wäre das Unterfangen, anhand von Urhandschriften der Entstehung des Werkes nachzuspüren. Vielleicht erwiese sich dann sogar, dass die Behauptung des Rustichello in seiner Vorrede, Marco Polo habe ihm in genuesischer Haft erzählt. „was er mit eigenen Augen gesehen hat", eine literarische Camouflage war.

Abb. 3: Marco Polo in Genueser Gefangenschaft

Jeder der Schreiber, von denen die erhaltenen ungefähr 140 Handschriften in mehreren Sprachen stammen, trug dann seinen eigenen Teil zur Legende Marco Polo bei. Er passte den Sprachduktus des ihm vorliegenden Textes seinem eigenen oder dem seines Umfeldes an, nahm hier und da Auslassungen vor, fügte immer auch Sätze oder ganze Passus hinzu. Niemand war bisher in der Lage,

11

Licht in all dieses Wirrwarr zu bringen. Hinter jedem dieser Eingriffe in den überlieferten Text verbarg sich schließlich ein Interesse, das nach einer Nuancierung des Marco-Polo-Textes verlangte. Auch sonst ist bisher längst nicht alles im Text des Marco Polo erklärt, was der Erklärung bedürfte – zunächst der verstehen wollenden Erläuterung dienend, erst danach der interpretierenden. Einen letzten großen Versuch im Hinblick hierauf unternahm der bedeutende französische Gelehrte Paul Pelliot (1878–1945). Der Weltkrieg, vielleicht aber auch die Größe des Unterfangens, verhinderten den Abschluss seiner Arbeiten.

Alle Einzelheiten der Marco-Polo-Legende werden sich nie bedenken lassen. Zu ferne sind heute die Mentalitäten der beiden Menschen, auf welche dieser Text zurückgeht: der erzählende Kaufmann, der länger als zwanzig Jahre lang Asien bereist hatte, und der kleine Literat Rustichello, der diese Erzählungen in eine Form brachte. Beider Wahrnehmung des Lebens unterschied sich gewiss noch einmal von derjenigen eines Geistlichen in Venedig oder Rom, eines südfranzösischen Ritters oder eines Tuchhändlers in Ulm, die diese Erzählungen später lesen sollten. Zwischen Autor und Leser, mit den Schreibern als Mittler, waltete auch im Mittelalter ein faszinierendes Wechselspiel.

Abb. 4: Zelte und Wagen der Mongolen

Über die Person des Marco Polo mag wenig bekannt sein. Viel hingegen wäre über das Asien, vor allem das China zu berichten, das er kennen lernte. China wurde damals von einer mongolischen Fremddynastie beherrscht, den Yuan (1279–1367). Das nomadische Volk der Mongolen hatte große Teile Asiens und des östlichen Europa zu einem Weltreich zusammengefasst, von dem China nur ein Teil war. Eine vielbeschworene „pax mongolica" gewährleistete mit klugen administrativen Regelungen eine bis dahin nie erlebte Sicherheit des Reisens in diesem gewaltigen Raum. Eben diese gehörte zu den wichtigsten Voraussetzungen dafür, dass die Polos und andere ihre Weltreisen unternehmen konnten. Das Staunen und die Freude über sie scheinen durch alle Brechungen und Veränderungen der Berichte des Kaufmanns und Reisenden hindurch.

Indes, die Berichte über dieses Staunen erregende Mongolenreich stammen sonst überwiegend aus dem Pinsel chinesischer Literaten, einer einst staatstragenden Schicht, die im Mongolenreich entschieden an Bedeutung verloren hatte. Mit dieser Schicht hatte Marco Polo allem Anschein nach kaum Kontakt, wohl aber zu dem Eroberervolk der Mongolen und deren Hilfsvölkern, denen chinesische Literaten wenig galten. Diese fanden ihrerseits subtile Ausdrucksformen der Selbstbehauptung vor den Fremden und für deren Darstellung. Vielleicht sprach Marco Polo die Sprache der Mongolen, gewiss aber das damalige Persisch, die „lingua franca" der Asienkaufleute. Die Aufzeichnungen der zurückgesetzten chinesischen Literaten vermitteln nur ein unzulängliches Bild von der Dynamik der Beziehungen zwischen Ost und West; ebenso gewiss sind auch ihre Berichte durch Brechungen der unterschiedlichsten Art geprägt.

Auch die historischen Quellen über die Zeit des Marco Polo in Asien und China, die andere Teile des Umfeldes seiner Reisen erschließen könnten, sprechen also zu einem heutigen Leser nicht unvermittelt. Von den Menschen, die diese Quellen hinterließen, und von ihren Beweggründen und Mentalitäten sind

wir heute gar noch weiter als von Marco Polo und seinen Berichten, deren Niederschrift und den Mentalitäten ihrer Über-
lieferer entfernt. Nicht nur 700 Jahre trennen, sondern auch
geographische Räume, die damals vielleicht einheitlicher waren
als heute. Die Andersartigkeiten der kulturellen Traditionen
vergrößern diese Entfernungen noch.

Abb. 5: Chinesische Seedschunke in einer Darstellung des
18. Jhs. Solche Schiffe verkehrten schon zur Mongolenzeit
vom Hafen Quanzhou aus bis in den Indischen Ozean.

Wer sich der Legende Marco Polo — ausgehend von seiner Person, dem ihm zugeschriebenen Werk und den damit verbunde-
nen Hintergründen in Europa und Asien — nähern will, der
sollte mit behutsamem Bedacht vorgehen und nach genauen
Fragen suchen, um allmählich Antworten zu finden. Die flinke,
selbstgewisse Maulfertigkeit der Unbedarften, die seit dem
Mittelalter sich als ebensolchen Maulhelden Marco Polo „anverwandeln" wollen, passt so gar nicht zu dem Ernst und der
Würde dieses Textes. Ohne Umsicht bei seiner Betrachtung
und ohne das unverfälschte Entzücken an ihm gerät der Leser
nämlich in Widerspruch zu dem, was eine der verborgenen,
noch heute gültigen Botschaften dieses Textes ausmacht: der
staunende Respekt vor einer fremden Kultur und vor fremden
Völkern.

Diesen hat die europäische Tradition seit Marco Polo oft genug vermissen lassen. An der Legende Marco Polo mag noch viel zu enträtseln und zu erklären sein, das Wesen dieses Textes und seine Wirkung bleiben davon unberührt. Der staunende Respekt ließ nämlich diese vorgeblichen Erzählungen aus einem Gefängnis vor 700 Jahren zu einem der wenigen großen Menschheitsbücher werden. Aufbrüche in die Weite und Ferne und das Andere sind das, die über die Grenzen der Jahrhunderte und der Kulturen hinweg wirkten und immer neue Anverwandlungen erlaubten. In all ihren Eigenarten werden auch solche Aneignungen von Respekt getragen. Das verbindet den amerikanischen Dramatiker irischer Herkunft und den chinesischen Komponisten, der nicht wenige seiner Werke im Westen aufführte, miteinander und mit Marco Polo. In diesem Sinne sei Marco Polo noch lange lebendig!

Hans Stumpfeldt

Abb. 6: Schiffsdarstellung, Holzschnitt von 1486

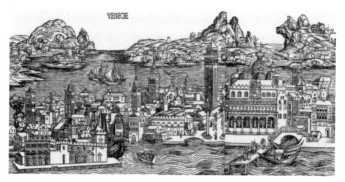

Abb. 7: Venedig, Holzschnitt von 1493

Einführung

1998 war es genau 700 Jahre her, dass in Genua zwei Kriegsge-
fangene ihre Langeweile während einer fast einjährigen Internierung sinnvoll zu nutzen begannen: Der eine, Marco Polo,
berichtete von fernen Menschen und Städten, von denen in
Europa noch niemand etwas gehört hatte, der andere, ein nicht
sehr bedeutender Schriftsteller namens Rustichello, schrieb das
Gehörte nach eigenem Gusto nieder, wobei er versuchte, die
streckenweise etwas langweilige Erzählung von lauter unbekannten Orten ein wenig aufzupeppen. Das entstandene Buch
fand anfangs wenig Leser – der Buchdruck war ja in Europa
noch nicht angekommen –, und als es dann europaweit seine
enorme Popularität erreichte, wurde es zunächst weniger als
Sachbuch denn als Geschichtenbuch geschätzt. Das darin Geschilderte erschien so wundersam wie uns der Inhalt eines
Science-fiction-Romans. Daher dauerte es über hundert Jahre,
ehe man überhaupt anfing zu erkennen, dass die sogenannte
„Beschreibung der Welt" – *Divisament dou Monde* – eine Fülle
geografisch verwertbarer Tatsachen lieferte.

Welche Orte Marco Polo allgemeiner Ansicht nach in China
besucht hat, ist aus Abbildung 8 ersichtlich.

Abb. 8: Der chinesische Teil der Reiseroute, wie die maßgebenden Marco-Polo-Forscher Henry Yule und Henri Cordier sie sahen. Falls sich die Polos tatsächlich zeitweise am rechten Ufer des Gelben Flusses bewegt haben sollten (links oben), bekamen sie die Große Mauer des Jin-Reichs (vgl. u. S. 35) gar nicht zu Gesicht. Die eingezeichnete Große Mauer ist die von heute, die erst viel später entstand.

Allerdings berichtete Marco Polo auch einiges über Orte, die er nicht besuchte, oder von halb historischen, halb sagenhaften Ereignissen, und reproduzierte dabei einige Asienmythen des Mittelalters, so vom Priesterkönig Johannes oder von fabelhaften Goldschätzen – die zu suchen Kolumbus später nach „Westindien" aufbrach.

Abb. 9: Einhorn und Kannibale auf Klein-Java, Holzschnitt, um 1400

Abb. 10: Hundeköpfige auf den Adamanen, Holzschnitt, um 1400

18

Die Überzeugung von Asien als einem Land der Wunder wurde auch durch die damals noch sehr vereinzelt aus China nach Europa gelangende Keramik gestärkt. Sie galt als so kostbar, dass man sie in Gold und Silber fasste.

Abb. 11: Seladonschale, Song (10.–13. Jh.), mit vergoldeter Silberfassung (um 1435 entstanden) aus dem Rheinland

Das Wissen um die vorder- und mittelasiatische Geografie, das die europäische Antike Alexander dem Großen und Ptolemäus verdankte, war im Mittelalter vergessen, die längst als kugelförmig erkannte Erde wieder reduziert zu einer Scheibe, auf der Asien mitunter nur noch als eine weiße Fläche jenseits von Jerusalem erschien.

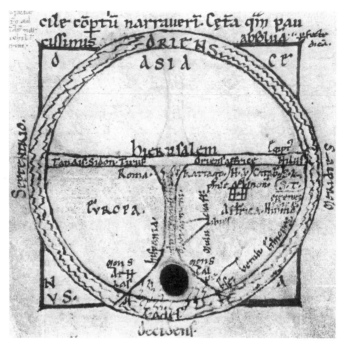

Abb. 12: Jerusalemzentrierte Weltkarte („TO-Karte") des 12. Jhs. Norden ist links.

Polos Bericht füllte diese Leere auf einmal mit Leben – mit Naturräumen, Königreichen und Menschen, ihren Kulturleistungen, Sitten und Gebräuchen, Namen von Herrschern und Geschichten von Schlachten. Gewiss hatte Marco Polo nicht den Anfang gemacht. Andere hatten schon vor ihm berichtet – dazu unten mehr –, aber Marco Polo war, wenn es denn stimmt, an mehr Orten gewesen, hatte jedenfalls über mehr berichtet und größere Räume durchmessen. Welchen Wert man Polos Bericht beimaß, läßt sich an den kostbaren Illustrationen ermessen, mit denen seine frühen Abschriften und Übersetzungen versehen wurden.

1997 nun kam Marco Polos Bericht wieder ins Gerede, und zwar ausgelöst durch das zwei Jahre zuvor erschienene Buch von Frances Wood mit dem Titel *Did Marco Polo go to China?*. Aus dieser Frage machte die etwa ein Jahr später erschienene deutsche Ausgabe gleich eine Feststellung: *Marco Polo kam nicht bis China* – soviel zum Verhältnis der deutschen Presse zum britischen Understatement!

Abb. 13: Die Abreise der Brüder Maffeo und Nicolo Polo nach China. Handschrift, 14. Jh.

Die Aussage des deutschen Buchtitels findet allerdings emphatische Zustimmung in einer drei Jahre später erschienenen deutschen Publikation: In seiner *Enzyklopädie der Entdecker und Erforscher der Erde* kommt Dietmar Henze zu dem Fazit:

> Seine [Marco Polos] ganze lange vorgegebene Reise indes – und das zu klären, war hier erste Aufgabe – ist ein blankes Fabelstück, um es deutlicher zu sagen: der kolossalste Schwindel der globalen Entdeckungsgeschichte.[1]

Das sind nun wahrlich starke Worte.

Die folgende Darstellung setzt sich mit den in beiden Publikationen ausgebreiteten, recht unterschiedlichen Argumenten auseinander.

Die Frage: „Lügt Marco Polo, wenn er behauptet, er sei in China gewesen?" ist in der Tat schwer zu beantworten. Es ist wie bei einem Kriminalfall, in dem wir auf reine Indizienbeweise angewiesen sind, denn es gibt keine Zeugen.

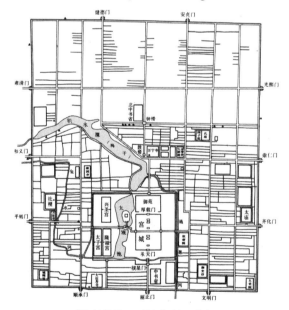

Abb. 14: Peking zur Zeit des Marco Polo

Klar wäre die Sache, wenn Marco Polo – oder sein Vater oder sein Onkel, mit denen er reiste – in chinesischen Quellen jener Zeit erwähnt wären. Doch ist dies nicht der Fall, und es gibt von chinesischer Seite nicht einmal Andeutungen zu italienischen Besuchern von Kublai Khan, der im Jahr 1271 gerade die mongolische Yuan-Dynastie mit Sitz in Peking gegründet hatte.

Abb. 15: Kublai Khan, Holzschnitt von 1609

Klar wäre die Sache auch, wenn uns von den Polos ein chinesisches Reisedokument oder ähnlich klare Beweisstücke ihres Aufenthalts in China vorlägen. Das ist aber nunmal nicht der Fall. Abgesehen von wenigen anderen Indizien aus der Zeit Marco Polos sind wir vor allem auf den Wortlaut des überkommenen Berichts angewiesen, und da stehen wir nun leider auf schwankendem Grund. Der Bericht ist nämlich in der Originalfassung nicht erhalten. Überliefert sind nur diverse Abschriften und Auszüge, meist zudem Übersetzungen in andere Sprachen. Führt man alle diese verschiedenen Fassungen zusammen, so ergänzen sie sich zwar, aber einen Urtext gewinnt man auf diese Weise nicht: Kopisten haben beim Abschreiben Fehler gemacht, Redakteure haben erklärende Zusätze hinein-

23

geschmuggelt oder gekürzt, und zudem wissen wir nicht, ob nicht Teile des originalen Wortlauts überhaupt verloren gegangen sind. Besser gesagt: Nach Lage der Dinge müssen wir vermuten, dass nicht alles, was Rustichello von Marco Polos Bericht niedergeschrieben hat, überliefert wurde. Klar ist leider auch, dass nicht alles, was uns überliefert wurde, von Marco Polo stammt, und was uns überliefert wurde, widerspricht sich auch noch teilweise. Das Kernproblem dabei ist, dass Marco Polo vorwiegend über seinen Ghostwriter Rustichello spricht, der andere Interessen hatte als sein Interviewpartner, wohl auch von ganz anderem Charakter war und nicht unbedingt unsere Vorstellungen von einem wahrheitsgetreuen Bericht teilte. Immerhin verdanken wir Rustichello, dass es dieses Buch überhaupt gibt. Ohne die Monate in der Internierung und die Begegnung der beiden hätte Marco Polo, was er wusste, wohl mit ins Grab genommen – bis auf einige Aufzeichnungen, die er offenbar besaß. Doch die sind verloren gegangen.

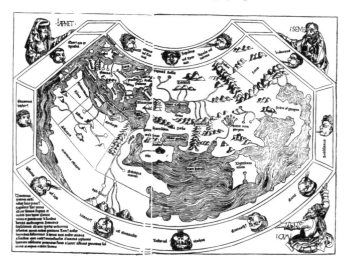

Abb. 16: Frühneuzeitliche Weltkarte, 1493

Der Charakter des Textes

Zunächst einmal muss man sich darüber im Klaren sein, dass Polos Buch kein Reisebericht ist. Wie im 13. Jahrhundert Reiseberichte aus Asien aussahen, zeigt uns der Flame Wilhelm von Rubruk, der mit einem Begleitschreiben des französischen Königs in die Mongolei reiste und im Oktober des Jahres 1253 folgendes schrieb:

> Gar nicht aufzuzählen ist, was alles an Hunger und Durst, Kälte und Strapazen auszuhalten war; denn zu essen gibt man bei ihnen (den Mongolen) nur abends; am Morgen dagegen bekommt man nur etwas zu trinken oder Hirsebrei zu schlürfen. Am Abend aber gaben sie uns Schaffleisch, ein Schulterstück mit den Rippen daran, sowie Fleischbrühe, wovon wir ein bestimmtes Maß zu trinken bekamen. ... Manchmal mussten wir, weil es an Brennmaterial mangelte, das Fleisch halbgekocht oder fast rot verzehren, dann nämlich, wenn wir auf freiem Felde lagerten und bei Nacht abstiegen; dann konnten wir nicht gut Rinder- oder Pferdemist sammeln. Anderes Feuermaterial fanden wir selten, höchstens hie und da ein paar Dornsträucher.[2]

Marco Polos Text ist dagegen im Kern in erster Linie das, was auch der Titel sagt: eine Beschreibung der Welt, genauer: ein so genanntes Itinerar, also eine Wegbeschreibung, in diesem Falle für Kaufleute, oder – wenn man will – die mittelalterliche Form eines Reiseführers. Persönliche Erlebnisse, die Begegnung mit einzelnen Menschen, der Wechsel der Jahreszeiten, konkrete Datumsangaben kommen praktisch nie vor, die Strapazen der Reisen werden kaum je erwähnt, manchmal nicht einmal an Stellen, die geradezu nach Abenteuer riechen. Ich zitiere zum Vergleich einen Passus, der sich, wie der vorherige von Wilhelm von Rubruk, auf die Gegend Ostturkestan/Mongolei bezieht:

> Zwölf Tage, nachdem der Reisende Ganzhou verlassen hat, erreicht er die Stadt Edzina am Nordrand der Sandwüste. Hier ist immer noch die Provinz Tangut. Die Bewohner sind Götzendiener und besitzen reichlich Kamele und Vieh. Zwei Arten

von Jagdfalken brüten hier: perlgraue und braunrote, beide geschickte Flieger. Die Leute leben von Ackerbau und Viehwirtschaft und treiben keinen Handel.

In Edzina muss man sich für vierzig Tage verproviantieren, denn wenn man nach Norden reitet, kommt man durch eine ebensogroße Einöde ohne Häuser und Herbergen. Außer im Sommer sind Berge und Täler menschenleer. Es gibt ziemlich viele wilde Tiere, darunter Wildesel, sowie Tannenwälder. Der Vierzig-Tage-Ritt endet in einer anderen Provinz; davon sogleich mehr.[3]

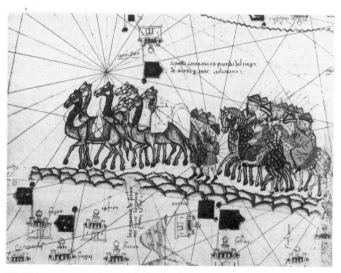

Abb. 17: Karawane auf der Seidenstraße (Katalanische Weltkarte, Mallorca 1375)

Man sieht: Über Hunderte von Kilometern ereignet sich bei Marco Polo nichts. Wie verproviantiert man sich für vierzig Tage an einem Ort, dessen Bewohner keinen Handel treiben? Wie übersteht man vierzig Tage Einöde, Kälte und Hitze, Sturm und Dürre? Kein Wort davon.

Was Marco Polo und Rustichello lieferten, war eben kein Erlebnisbericht, sondern eine Folge ziemlich stark systematisierter Landes- und Ortsbeschreibungen, die in erster Linie über Distanzen, Produkte, Unterkunftsmöglichkeiten, politische Verhältnisse und örtliches Brauchtum informieren, mithin alles, was einen Kaufmann interessieren muss, um Geschäfte machen zu können und mit den potentiellen Kunden sowie mit der Obrigkeit gut auszukommen. Welche von den beschriebenen Orten Polo persönlich besucht hat, erfahren wir nur ausnahmsweise. Die paar Berichte von seinen eigenen Erlebnissen sind so dürftig, dass man kaum fünf Minuten brauchen würde, um sie alle vorzulesen.

Der Text hat jedoch noch einen zweiten Aspekt: Vor allem für China, aber auch für Persien enthält er historische Berichte und Anekdoten, in erster Linie von militärischen Ereignissen. Hierauf komme ich später noch zurück.

Die Tatsache, dass Polos Bericht an sich keinen Reisebericht, sondern eine Kombination aus Reiseführer und Länderkunde darstellt, macht ihn deswegen nicht unglaubwürdig, doch folgt daraus, dass der Text natürlich ebenso gut aus anderen Quellen zusammengeschrieben worden sein kann und dass Polo nicht unbedingt an allen Orten persönlich gewesen sein muss.

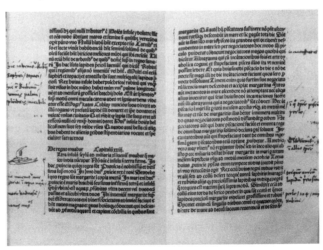

Abb. 18: Notizen von Christoph Kolumbus
auf seiner lateinischen Ausgabe des *Livre des merveilles*

Die Zweifel

Die Zweifel an Marco Polo begründen sich jedoch nicht auf sein gelegentliches Zurückgreifen auf Sagen und Legenden, denn die sind offensichtlich, und auch nicht auf den Charakter des Textes, sondern auf andere Feststellungen. Ich möchte hier die drei wichtigsten herausgreifen, die übrigens keineswegs neu sind, sondern zum Teil schon im 18. Jahrhundert vorgetragen wurden:

Erstens enthält der Text Ortsnamen und Ortsbeschreibungen, die nicht eindeutig identifizierbar sind. Zudem liegen die beschriebenen Orte nicht immer auf einer nachvollziehbaren Route, Entfernungs- und Richtungsangaben sind teils grob falsch.

Zweitens vermisst man im Text Beobachtungen auffälliger Phänomene, die jemandem, der wirklich dort war, nicht haben entgangen sein können.

Drittens schreibt der Text Marco Polo Posten und Taten zu, die mit den anerkannten historischen Tatsachen nicht in Übereinstimmung zu bringen sind.

Das Argument der falschen Angaben

Dieses Argument ist ziemlich leicht zu entkräften. Gehen wir von der bekannten Tatsache aus, dass Polo seinen Bericht drei Jahre nach seiner Rückkehr schrieb und bis über zwanzig Jahre, nachdem er an bestimmten Orten war, muss man sich nicht wundern, wenn er fremde Ortsnamen, Entfernungen und andere Einzelheiten nicht mehr korrekt wiedergeben konnte. Angesichts des Detailreichtums vieler Schilderungen ist zwar zu vermuten, dass Marco Polo über Aufzeichnungen verfügte, doch scheinen sie sehr lückenhaft gewesen und in großen zeitlichen Abständen erstellt worden zu sein; ein halbwegs unmittelbares, aktuelles Erleben teilt sich in dem Text jedenfalls nur ausnahmsweise mit. Wer aber einmal versucht hat, bei einer längeren Reise in unbekanntem Gefilde im Abstand von nur ein oder zwei Wochen zuvor angefangene Tagebuchaufzeichnungen nachzutragen, weiß, dass dies nahezu unmöglich ist, vor allem, wenn Namen in fremden Sprachen darin vorkommen. Zudem muss man sich darüber im Klaren sein, dass damals noch keine Konventionen existierten, die die Wiedergabe fernöstlicher Namen in Lateinschrift regelten. Marco Polo griff daher auf die persische Form chinesischer Ortsnamen zurück, denn Persisch war die Sprache der Kaufleute auf der Seidenstraße. Aber die Perser verwendeten auch keine Lateinschrift. Dass es Probleme gibt, Orte, die Polo erwähnt, zu identifizieren, ist bei alldem nicht verwunderlich, eher muss erstaunen, dass die allermeisten doch identifiziert werden konnten. Das heißt: Er hat sie sich nicht ausgedacht.

Der Umstand, dass sich einige Abschnitte nicht zu einer nachvollziehbaren Reiseroute fügen, hängt zum Teil ebenfalls mit nicht mehr identifizierbaren, von Marco Polo vielleicht auch in der Erinnerung durcheinander gebrachten Ortsnamen zusammen, hat aber auch etwas mit dem Charakter des Textes zu tun, der mehr Reisehandbuch als Erzählung ist. Deutlich wird dies an mehreren Stellen, wo von einem Ort aus Wege in verschiedene Richtungen beschrieben werden. Vielleicht mangelte es streckenweise auch an Sorgfalt. Denn zwar gibt sich der Text als Wegbeschreibung, aber Polo konnte kaum damit rechnen, dass sich tatsächlich irgendwer mit dem Buch in der Hand auf Asienreise begeben und sich anschließend in einem empörten Leserbrief über die Mängel beklagen würde.

Gleichwohl stützt der erwähnte Dietmar Henze sein Urteil, Polo sei nie in China gewesen, vor allem auf Fehler in der Wegbeschreibung. Er wundert sich, dass Polo oft nachlässig und schematisch berichtet, dann aber auch mal wieder detailgenau: Wenn Marco Polo doch Einzelheiten zu beobachten in der Lage war, passen die anderen Teile des Berichts mit den groben Fehlern nicht dazu. Es gehe einfach nicht, dass man beispielsweise monatelang nach Südwesten reist, aber stets behaupte, man fahre in westlicher Richtung. Es gehe auch nicht an, dass man schwere Gebirgsüberquerungen nicht erwähne oder schreibe, eine bestimmte Distanz erfordere einen Vierzigtageritt, wenn es jeder in drei Tagen schaffen kann.

Nur: Wer erinnert sich nach zehn oder zwanzig Jahren noch so präzise? Jeder kann ein Experiment mit sich selbst machen und aus dem Gedächtnis auf ein leeres Blatt Papier die Route einer vor vielen Jahren zurückgelegten Reise zeichnen – mit Entfernungsangaben! Wenn man nun Fehler bei den Himmelsrichtungen und Distanzen machte, bewiese dies, dass die Reise gar nie stattfand und der Irrende ein Scharlatan ist?

Dass korrekte Himmelsrichtungen selbst bei Vorliegen einer Landkarte Glücksache sind, ist eine Erfahrung, die man mit sich selbst oder mit den Schilderungen anderer immer wieder machen kann. Ich habe in meiner Tätigkeit als Lektor schon das Manuskript eines ausgebildeten Geografen auf den Tisch bekommen, der die Himmelsrichtungen falsch angab. Er hatte sie offenbar nach dem Gedächtnis aufgeschrieben und versäumt, sich anhand der Karte zu vergewissern. Nun war Marco Polo kein Geograf, sondern Kaufmannssohn, und er leitete auch keine Expedition mit dem Kompass in der Hand, und schon gar nicht verfügte er über eine Landkarte, sondern trabte die meiste Zeit wohl seinem Vater und seinem Onkel hinterher. Zum Entdeckungsreisenden haben ihn erst spätere Generationen erklärt. Er selbst vertrat keinen solchen Anspruch.

Aber kann man monatelang nach Südwesten reisen und sagen, es sei Westen? Kann man vierzig Reisetage schreiben, wenn es doch bloß drei oder vier waren? Vielleicht kann man das wirklich nicht. Aber was wollen wir daraus folgern, wenn wir doch nicht den Originaltext kennen? Vergleicht man die verschiedenen Abschriften miteinander, so stößt man unter diesen immer wieder auf teils erhebliche Diskrepanzen. Beispielsweise sagt eins der alten Manuskripte, die letzte Etappe vor Sugiu [Suzhou] dauere drei Tage, ein anderes schreibt: einen Tag. Was soll gelten?

Einem Reisetagebuch würde man solche Fehler nicht durchgehen lassen. Wer uns für eine Entfernung von drei Tagen vierzig Tage Abenteuer liefern würde, wäre in der Tat ein Lügner. Aber an ein aus der Erinnerung verfasstes Werk, das ein Tagebuch weder ist noch sein will und noch nicht einmal im Original vorliegt, muss man wohl andere Maßstäbe anlegen. Hier kann sich die Glaubwürdigkeit nicht an den Fehlern messen, für die viele Gründe denkbar sind, sondern muss sich auf die zutreffenden Beobachtungen stützen, für die wir keine andere Quelle plausibel machen können als des Autors persönliche Beobachtung. Wenn Polo nun aber gar nichts persönlich beobachten konnte, weil er, wie Henze meint, in Asien gar nicht unterwegs war, jedenfalls nicht bis China, woher hat er dann sein zutreffendes Detailwissen?

Ich komme unten darauf zurück. Wenden wir uns zunächst einem anderen Komplex zu.

Das Argument des Verschweigens

Spannend wird es bei dem zweiten Problemkomplex: den Auslassungen. Marco Polo wird vorgeworfen, folgende Auffälligkeiten in China übersehen zu haben:

1. die Große Mauer,
2. die chinesische Schrift,
3. den in Europa damals noch unbekannten Buchdruck,
4. die eingebundenen Füße der chinesischen Frauen,
5. den Tee,
6. die Fischerei mit Kormoranen,
7. den Verkauf von Schweinefleisch,
8. die Art chinesischer Speisezubereitung.

31

Gegen die Verwendung des Verschweigens als Argument bestehen nun gleich in mehrfacher Hinsicht grundsätzliche Bedenken. Das beginnt schon damit, dass wir das Originalmanuskript nicht kennen und nicht wissen, ob beispielsweise die chinesische Schrift oder das Teetrinken von Polo durchaus beschrieben, von Rustichello aber nicht notiert wurden oder bei den erhaltenen Kopien und Übersetzungen unter den Tisch gefallen sind. Aber selbst wenn wir sicher sein könnten, dass uns alles überliefert ist, was Marco Polo damals Rustichello mitteilte, trüge das Argument des Verschweigens nicht sehr weit. Ich will dies an einem Beispiel deutlich machen: In den Neunzigerjahren brachte ein in München ansässiger, sehr bekannter deutscher Reiseführerverlag einen Holland-Reiseführer heraus, in dem der niederländische Regierungssitz Den Haag nicht vorkommt. Was folgern wir daraus? Dass der Autor niemals in Holland war? Und dass auch von den Redakteuren und Lektoren, die den Band bearbeitet haben, keiner jemals in Holland war? Man darf sicher sein, dass für den geradezu unglaublichen Fehler, Den Haag unberücksichtigt zu lassen, andere Gründe eine Rolle spielten. Und so sind auch für das Fehlen der Erwähnung vom Buchdruck oder den eingebundenen Füßen viele Gründe möglich, bis hin zum bloßen Vergessen bei all den vielen sonstigen Details.

Trotzdem möchte ich gern die einzelnen Argumente des Verschweigens noch genauer betrachten. Dabei scheinen mir die drei letztgenannten ziemlich unerheblich zu sein: die Fischerei mit Kormoranen musste Marco Polo nicht erwähnen, weil nicht sicher ist, ob er in der Gegend war, wo sie praktiziert wird. Außerdem war die Fischerei mit Kormoranen auch in Europa üblich und insofern nichts Besonderes. Den Verkauf von Schweinefleisch musste er nicht erwähnen, weil das im Vergleich mit Europa ebenfalls nichts Besonderes war – von solchen Alltäglichkeiten fehlt noch viel mehr in seinem Bericht, wenn man es genau nimmt. Und was die Art der Speisezubereitung, also die chinesische Kochkunst angeht, so interessiert sich Marco Polo dafür ebenfalls nicht sonderlich. Er teilt dieses Desinteresse übrigens auch mit anderen Chinareisenden jener Zeit, die uns Berichte hinterlassen haben. Großes Interesse weckten bei ihm dagegen immer die Zutaten, vor allem die in Europa so kostbaren Gewürze. Vermutlich galt ihm zu Recht als selbstverständlich, dass fremde Zutaten auch eine eigene Art der Verarbeitung bedingen.

Kommen wir zu den wesentlicheren Gesichtspunkten.

Marco Polo und die Große Mauer

Da ist zunächst einmal die Nichterwähnung der Großen Mauer. Frances Wood widmet dem Punkt in ihrem Buch ein ganzes Kapitel, und angesichts der Größe der Mauer und Marco Polos Sinn für alles Ungewöhnliche wird dieses Argument meist als besonders stark empfunden. In Wahrheit ist es wertlos. Die Mauer, wie wir sie kennen, gab es in der Mongolenzeit noch gar nicht. Sie wurde erst im 16. und 17. Jahrhundert errichtet.

Abb. 19: Große Mauer der Ming-Dynastie (1368–1644), europäische Darstellung, 19. Jh.

33

Zwar hatten auch die Qin- und Han-Kaiser schon eine Mauer bauen lassen, doch das war bereits 1200 bis 1500 Jahre vor Marco Polo gewesen.

Gesehen haben könnte Marco Polo die Große Mauer der Han-Zeit, die am weitesten nach Westen reichende der diversen chinesischen Grenzmauern. Winderosion, vor allem durch Sandstürme, hat sie bis heute auf einen niedrigen Grat oder einen zernagten Erdwall reduziert, den man nur sieht, wenn man direkt daneben steht (Abb. 20). Ende des 13. Jahrhunderts hatte die einstige Mauer bereits 65 Prozent ihres heutigen Alters erreicht. Der Rest mag damals noch etwas höher gewesen sein als heute, doch um ein weithin bemerkbares Monument handelte es sich keineswegs.

Abb. 20: Yumen Guan, Han-Mauer

Auch auf die Mauer des Zhao-Reiches könnte Marco Polo auf seiner mutmaßlichen Route getroffen sein. Sie war um 300 v. Chr. angelegt worden, hatte zu Polos Zeit demnach schon 70 Prozent ihres heutigen Alters erreicht und war kaum etwas anderes als heute: ein unscheinbarer, grasbewachsener Erdwall in der Wildnis (Abb. 21).

34

Abb. 21: Baotou, Zhao-Mauer

Die letzten Grenzmauern vor Marco Polo hatten im 12. Jahrhundert die Dschurdschen erbaut. Deren Reich, Jin genannt, eroberten die Mongolen im Jahr 1234, indem sie die Grenzbefestigung im Süden umgingen. Die Jin-Mauern waren zwar größer und vor allem breiter als die bisherigen, allerdings bestanden sie ebenfalls nur aus Stampflehm, unterlagen also der Erosion durch Wind und Regen.

Abb. 22: Innere Mongolei, Jin-Mauer

Zwar sahen sie zu Polos Zeiten gewiss imposanter aus als heute (Abb. 22), aber sie hatten keine Funktion mehr und waren schon damals, gut 40 Jahre nach dem Ende des Jin-Reichs, nur noch eine von Gras überwachsene Ruine. Die Polos kreuzten diesen Grenzwall vermutlich an deren Südende nahe dem heutigen Baotou nördlich der großen Schleife des Gelben Flusses. Ob sie dabei ahnten, dass sie das Ende eines mehrere tausend Kilometer langen Bauwerks passierten? Falls es ihnen niemand sagte, konnten sie es von sich aus kaum feststellen, und wenn sie der Route folgten, den Polos Bericht nahe legt, war dies überhaupt das einzige Mal, dass sie ein nennenswertes Stück Grenzmauer zu Gesicht bekamen.

Dass die älteren Grenzmauern vor Beginn des Mauerbaus der Ming nicht nur funktionslose Ruinen, sondern auch aus dem allgemeinen Bewusstsein völlig verschwunden waren, bezeugt eine chinesische Karte vom Ende des 14. Jahrhunderts. Man sieht die Gegend um Peking – ohne Große Mauer. Auch die 150 Jahre vorher aufgegebene Mauer des Jin-Reichs ist nicht verzeichnet (Abb. 23).

Abb. 23: Ausschnitt aus einer chinesischen Weltkarte von 1389

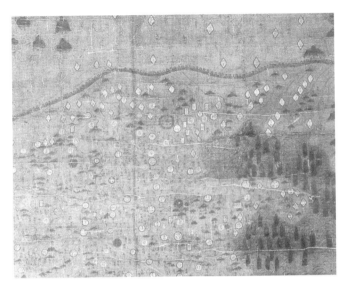

Abb. 24: Ausschnitt aus einer chinesischen Weltkarte von 1513

Diese Karte wurde 120 Jahre später aktualisiert. Der hier wiedergegebene Ausschnitt ist etwa der gleiche wie bei der Karte von 1389. In der Mitte erkennt man Peking und nördlich davon deutlich die Große Mauer, die damals allerdings noch längst nicht fertig war (Abb. 24).

Weitere kartografische Beispiele dieser Art ließen sich anführen. Alle laufen aber auf dasselbe hinaus: Eine chinesische Mauer, wie wir sie kennen, als bemerkenswertes und bemerkbares Bauwerk existierte zu Polos Zeiten nicht – weder in der Wirklichkeit noch im Bewusstsein. Was er allenfalls gesehen haben könnte, waren funktionslose Erdwälle, grasüberwachsen in der Steppe, Schutthaufen in der Wüste.

Marco Polo und die chinesische Schrift

Nun zur chinesischen Schrift. Es stimmt, dass Marco Polo zu ihr keine Beschreibung geliefert hat, aber das gleiche gilt für die Schriften anderer Völker, die auf dem Weg lagen und die er auch nicht beschrieben hat. Genauso gut könnte man sich darüber wundern, warum er die Eigenheiten der chinesischen Sprache nicht erwähnt hat, aber abgesehen davon, dass er immer mal wieder die Aussage einflicht, die Leute dort und dort sprechen eine eigene Sprache, interessiert er sich für die Verschiedenheit der Sprachen ebenso wenig wie für die verschiedenen Schriftsysteme. Die Forschung ist sich heute sicher, dass Marco Polo zwar Persisch und Mongolisch sprach und schrieb, nicht aber das Chinesische. Dabei muss die Begegnung mit der chinesischen Schrift für ihn eine frustrierende Erfahrung gewesen sein, und dies noch mehr, als es für uns heute ist. Lehrbücher, die er hätte verwenden können, gab es nicht. Noch heute pflegen Europäer, die sich aus beruflichen Gründen längere Zeit in China aufhalten, die Schrift nicht zu lernen und können sie daher auch nicht erklären. Bei Polo war es mit Sicherheit nicht anders, zumal er vor allem mit den Mongolen als der damaligen politischen Elite verkehrte.

Im Übrigen trifft es gar nicht zu, dass Marco Polo die chinesische Schrift nicht erwähnt. So heißt es am Ende des Chinakapitels:

> In ganz Mangi [der geographische Bereich der kurz zuvor besiegten Südlichen Song] wird eine einzige Sprache gesprochen und ist eine einzige Schrift gebräuchlich. Daneben gibt es in den einzelnen Gebieten je eine bestimmte Mundart; ...[4]

Das heißt, dass Marco Polo den Charakter der chinesischen Schrift sowie der Beamtensprache (*guanhua*) als Dialektgrenzen überbrückende Medien durchaus wahrgenommen hat. Dass er Nordchina hier nicht mit erwähnt, hängt sicher damit zusammen, dass nichtchinesische Eliten dort schon seit längerem die politisch und kulturell führende Rolle spielten, so dass die chinesische Schrift im Norden für mehrere Jahrzehnte nicht so dominierte – die mongolischen Herrscher verwendeten damals die uigurische Schrift. Eine weitere, indirekte Erwähnung der chinesischen Schrift kommt bei der Schilderung der Stadt Quinsai [Hangzhou] vor, wo von Ärzten und Wahrsagern die Rede ist, die auch Lesen und Schreiben lehren.

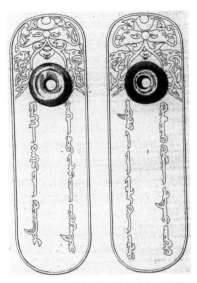

Abb. 25: Mongolischer Pass in uigurischer Schrift

Marco Polo und der Buchdruck

Was nun den Buchdruck angeht, so müssen wir genauer hinsehen. Gutenbergs Erfindung konnten die Polos schwerlich mitbringen, denn die bestand ja nicht im Druck an sich, sondern darin, bewegliche Bleilettern zu gießen und zu Druckstöcken zusammenzusetzen. In China hatten sich bewegliche Lettern nicht durchgesetzt, vielmehr praktizierte man den Druck mit Holztafeln, in die Texte wie auch Bilder spiegelverkehrt eingeschnitzt wurden, den so genannten Blockdruck. Dadurch entstehen quasi große Stempel, und solche wurden zum Bedrucken von Stoff auch in Europa schon lange verwendet. In Italien ist der Gebrauch von Papier für das 12. Jahrhundert nachgewiesen, und zu Polos Zeiten war der Adriahafen Ancona, 230 km südlich von Venedig, ein Zentrum der Papierherstellung, von dem aus halb Europa beliefert wurde. Bedrucktes Papier aber hatten die italienischen Kaufleute auf Ägyptenfahrt bereits lange vorher kennen lernen können. Man vervielfältigte dort Gebets- und andere religiöse Texte im Blockdruckverfahren nämlich bereits seit dem 10. Jahrhundert. In Europa war also schon vor Marco Polo alles vorhanden, was zum Buchdruck hätte führen können: Papier, ein passendes Verfahren und die Anregung, dieses zum Drucken von Texten einzusetzen. Trotzdem hat man es nicht gemacht, jedenfalls weder im 13. noch im 14. Jahrhundert. Vielmehr kamen die ersten im Blockdruckverfahren hergestellten Bücher erst kurz vor Gutenbergs bahnbrechender Erfindung auf. Warum? Offenbar fehlte ein entsprechender gesellschaftlicher Bedarf. Technische Gründe können jedenfalls keine Rolle gespielt haben, denn der Schritt vom Stoffdruck zum Papierdruck war bereits zu Polos Zeit denkbar klein.

Wenn sich also schon die Ägyptenfahrer unter Venedigs Kaufleuten nicht für bedrucktes Papier interessierten, warum dann die Chinafahrer, deren Interesse an ganzen Papierstapeln voller Hieroglyphen mangels Sprachkenntnis ohnehin gleich Null gewesen sein dürfte?

Dieses Argument wird noch verstärkt durch eine andere Beobachtung. Marco Polo war ja weder der erste noch der einzige europäische Chinareisende der Mongolenzeit. Andere, die nicht bloß als Kaufmannssöhne mitgenommen worden waren, sondern beispielsweise als gestandene und gelehrte Kirchenmänner reisten, also intellektuell viel mehr als Marco Polo dafür prädestiniert gewesen sein müssen, die Bedeutung des Buchdrucks zu erkennen, haben auch nicht darüber berichtet, ja, Marco Polo kommt sogar die Ehre zu, ausführlicher als alle anderen jene Art von chinesischem Druckwerk beschrieben zu haben, die ihn am meisten faszinierte: Papiergeld.

Sieben andere Europäer haben damals diese Erfindung erwähnt, also gedruckte Scheine gesehen, aber keiner davon hat Informationen über ihre Herstellung gemacht. Auch Marco Polo beschreibt das eigentliche Druckverfahren nicht, zu dem gegossene Bronzeplatten verwendet wurden, geht aber darauf ein, wodurch die Scheine als Geld autorisiert werden – und da begegnet uns tatsächlich der Stempeldruck, denn …

> Alle Geldscheine werden mit dem Siegel des Großkhans versehen. Er lässt davon eine solche Menge herstellen, dass man alle Schätze der Welt kaufen könnte. Mit diesem Geld, das fabriziert wird, wie ich eben geschildert habe, wird alles bezahlt; in sämtlichen Provinzen, in jedem Königreich, im ganzen kaiserlichen Machtbereich ist es das einzige Zahlungsmittel. [5]

So sehr Polo hier das Aufdrücken eines Siegels nur nebenher erwähnt, so vertraut muss es ihm gewesen sein. Gewiss war ihm ebenso klar, dass die Geldscheine durch Anwendung des altbekannten Stempeldrucks zustande kamen, und darin unterschied er sich nicht von allen anderen sieben Europäern, die ebenfalls vom Papiergeld schrieben, aber nicht von seinem Druck.

Abb. 26: Druckstock für Papiergeld, Ende 13. Jh.

Marco Polo, die eingebundenen Füße und der Tee

Es bleiben zwei Nichterwähnungen: die der eingebundenen Füße und die des Tees. Was die Sitte angeht, den Mädchen die Zehen unter die Fußsohlen zu binden, um möglichst zierlich erscheinende Füße zu erzielen, so war dieser Brauch nur bei vornehmen Familien üblich, die es sich leisten konnten, für alle schwereren häuslichen Arbeiten Dienerinnen mit normalgroßen Füßen zu beschäftigen. Eben diese vornehmen Familien ließen ihre Töchter und Frauen jedoch fast nie aus dem Haus. Selbst wer als Mann bei ihnen zu Gast war, bekam die Frauen nicht zu Gesicht. Tatsächlich aber hat auch Marco Polo die eingebundenen Füße sehr wohl bemerkt, nur hat er sie nicht als solche erkannt. Die entsprechende Stelle geht ausführlich auf die konfuzianische Frauenerziehung ein. Marco Polo schreibt:

> [Die Mädchen in China] sind, wie nirgends sonst, bescheiden und sittsam. Sie hüpfen und hopsen nicht herum, sie tanzen nie, sie tändeln nicht, sie sitzen nicht am Fenster und gucken den Vorbeigehenden nach, und sie stellen sich auch nicht selbst zur Schau. ... Keinem Vergnügen, keinem Feste jagen sie nach. Wenn es schon geschieht, dass sie sich an irgendeinen anständigen Ort begeben, sei es zum Tempel ihrer Götter, sei es ins Haus ihrer Verwandten, dann gehen sie in der Begleitung ihrer Mütter. ... Stets senken sie die Augen, sie sehen nichts als den Boden und ihre Füße.[6]

Kein Wunder, denn mit eingebundenen Füßen muss man wie in Pumps mit hohen Pfennigabsätzen stets aufpassen, nicht zu straucheln. Und etwas weiter im Text heißt es dann ausdrücklich: Die Mädchen haben sich „einen sehr zierlichen Gang angewöhnt und setzen einen Fuß nie mehr als einen Fingerbreit vor den anderen". Mit anderen Worten: Polo hat durchaus Frauen mit eingebundenen Füßen gesehen, nur den Grund für das zierliche Trippeln hat er nicht erkannt. Stattdessen liefert er eine andere Erklärung:

Ihr müsst noch wissen: zur Bewahrung ihrer Jungfräulichkeit haben sich die Mädchen einen sehr zierlichen Gang angewöhnt. Sie setzen einen Fuß nie mehr als einen Fingerbreit vor den andern; denn das Jungfernhäutchen kann durch eine mutwillige Bewegung verletzt werden. Merkt euch wohl: Diese strengen Sitten werden in ganz Catai befolgt.[7]

Tatsächlich galten die eingebundenen Füße stets als etwas sehr Intimes. Selbst der Ehemann bekam sie nie ohne Bandagen zu sehen. Es verwundert also nicht, dass Marco Polo das Geheimnis des Trippelns nicht entschlüsseln konnte. Im Gegenteil spricht die Art, wie er das Besondere der chinesischen Frauen schildert, ganz und gar dafür, dass hier seine persönliche Beobachtung zu Wort kommt. Da er eine Erklärung für das Trippeln bereits im Jungfräulichkeitswahn gefunden zu haben glaubte, hat er offenbar einfach nicht weiter nachgefragt.

Es bleibt der Punkt mit dem Tee. Auch für dieses Verschweigen wurden bereits verschiedene Erklärungen angeboten. So spricht Marco Polo davon, dass man Wein aus Gewürzen hergestellt habe. Da Teeblätter auch beim Kochen verwendet wurden, hat er sie vielleicht als Gewürz angesehen und das Wort „Wein" im Sinne von „Getränk" gebraucht, so dass Gewürzwein als Tee zu verstehen ist? Das wäre eine Spekulation. Ziemlich sicher dürfen wir sein, dass ihm nichtalkoholische Getränke gleichgültig waren. Wo immer es angebracht ist, weist er auf Weinproduktion hin, und da er mehr mit Mongolen als mit Chinesen zu tun hatte, ist auch klar, dass er mit seinen Zechkumpanen gern Kumiss, vergorene Stutenmilch, getrunken hat. Auch Reiswein schätzte er:

> Vernehmt, was für eine Sorte Wein die meisten Leute in Catai trinken. Sie bereiten ein Getränk zu aus Reis, fügen auserlesene Gewürze bei und behandeln es derart, dass es köstlicher schmeckt als jeder Wein. Das Getränk ist schön klar, man trinkt es warm, man wird deshalb eher berauscht als vom üblichen Wein.[8]

Abb. 27: Camellia sinensis

Vor allem aber ist zu bedenken, dass die Menschheit Kräuter-
aufgüsse seit Jahrtausenden kennt, vermutlich, seit sie feuerfeste
Gefäße verwendet, und natürlich kannte man sie auch in Italien.
Tatsächlich muss man sich an dieser Stelle noch einmal vor
Augen führen, wie wenig das Argument des Verschweigens
überhaupt taugt. Ich verweise nur am Rande darauf, dass in
manchem klassischen chinesischen Roman zwar fleißig Reiswein
gebechert, aber nur selten Tee getrunken wird.

Resumé zum Argument des Verschweigens

Schaut man sich die Argumente des Verschweigens, sofern sie
einigermaßen Relevanz besitzen, noch einmal im Zusammenhang an, so fällt auf, dass es sich beim Teetrinken, beim
Schweinefleischangebot, der Kochkunst, den eingebundenen
Füßen, der Schrift und dem Buchdruck um Erscheinungen des

chinesischen Alltags handelt, die praktisch in ganz China verbreitet waren. Das heißt: Bei der Schilderung der einzelnen Orte finden diese allgemeinen Erscheinungen keinen Platz, und damit fallen sie auch gewissermaßen aus dem Darstellungssystem von Polos Weltbeschreibung. Eine einzige Alltagserscheinung in China erwähnt er bei den einzelnen Orten immer und immer wieder: die Verwendung von Papiergeld. Als Kaufmannssohn war ihm diese Information wichtig. Das Teetrinken, die eingebundenen Füße, die chinesische Schrift, Buchdruck und die Details der Kochkunst waren dagegen für Kaufleute, die sich in China zurechtfinden sollen, durchaus nebensächlich.

Falls das noch nicht überzeugt, mag man sich vorstellen, was jemand berichten wird, der just von einem einwöchigen Londonaufenthalt zurückkam. War die Person zum ersten Mal in England, wird sie erzählen, dass sie am Anfang mehrmals um ein Haar von einem Auto überfahren wurde, weil sie beim Überqueren der Straße in die falsche Richtung schaute – denn sie war mit dem Linksverkehr nicht vertraut. Ein alter Englandhase, der vor drei Jahren von einem siebzehnjährigen Englandaufenthalt heimkehrte, wird dagegen den Linksverkehr unerwähnt lassen. Er war für ihn zu einer Alltagserscheinung geworden.

Es gibt aber noch einen anderen Gesichtspunkt. Wenn wir sagen, dass Marco Polo, indem er die chinesische Schrift, den Buchdruck, den Tee usw. nicht erwähnt, zu erkennen gibt, dass er gar nicht dort war, so impliziert dieses Argument, dass jeder, wirklich jeder, der nach China fuhr, diese Dinge für berichtenswert halten musste. Denn nur wenn wir der Überzeugung sind, dass nicht nur uns heute diese Dinge aufgefallen wären, sondern dass sie jedem europäischen Reisenden des 13. Jahrhunderts auffallen mussten, können wir ja behaupten, dass sie auch ein Marco Polo bemerken musste. Wenn Tee, Schrift, Buchdruck, Schweinefleisch usw. aber von jedem Chinareisenden zu bemerken waren, heißt dies nichts anderes, als dass es sich dabei schon damals um Standardwissen über China gehandelt haben muss.

Gleiches gilt übrigens für die chinesische Mauer. Wenn es aber Standardwissen über China war, dann musste dies jemandem, der nicht in China war, sondern sich außerhalb Chinas über das Land informierte, ebenfalls mitgeteilt worden sein, und nicht nur das: Standardwissen über ein Land ist den außerhalb des Landes Lebenden grundsätzlich vertrauter als denen, die im Lande leben.

Was würde man beispielsweise erzählen, um anderen weiszumachen, man sei kürzlich von einer Australienreise heimgekehrt, wenn man in Wahrheit nie seinen Fuß auf Australiens Boden gesetzt hat? Um den Bericht glaubwürdig zu machen, würde man unbedingt auf das Standardwissen zurückgreifen und einige Anekdoten zum Besten geben, zum Beispiel wie man am Opernhaus von Sydney Würstchen aus Kängurufleisch verzehrte, wie man Koalabären possierlich an Eukalyptusbäumen knabbern sah und wie elegant die Ureinwohner am Ayers Rock ihre Bumerangs werfen. Keineswegs wäre eine Schilderung von Australien zu liefern, aus der das Standardwissen ausgeklammert bliebe, in der also kein Känguru, kein Koalabär, kein Eukalyptusbaum, kein Bumerang und kein Ayers Rock vorkäme. Wenn also die chinesische Schrift, der Buchdruck, der Tee, die Mauer usw. so unübersehbar waren, dass sie jeder bemerken und für berichtenswert halten musste, dann handelte es sich um Standardwissen, und dann hätte gerade jemand, der nicht in China war, diese Dinge erwähnen müssen. Nur ein Marco Polo, der wirklich in China war, hätte dieser Argumentation zufolge die Souveränität besessen, das Standardwissen zu China zu ignorieren. Und nach 17 Jahren Aufenthalt wäre ihm das auch nicht schwer gefallen.

Ich erachte damit alle Argumente des Verschweigens samt und sonders für wertlos. Tatsächlich wäre das Verschweigen von Standardwissen eher ein Indiz für die Authentizität des Berichtes. Was unter den Kaufleuten auf der Seidenstraße im 13. Jahrhundert allerdings zum Standardwissen über China gehörte, wissen wir nicht. Ob es die Schrift, der Tee, der Buchdruck und die Große Mauer waren, wie Frances Wood und vor ihr schon etliche andere behaupteten, ohne sich darüber Rechenschaft abzulegen? Mag sein, mag nicht sein. Wir müssen darüber nicht spekulieren, es ist ohnehin ein unergiebiges Argument.

Abb. 28: Der Palast des Großkhans in Cambaluc

Marco Polo als Held

Vielmehr wollen wir uns nun dem dritten Problemkomplex zuwenden: Marco Polo werden in dem Text Posten und Taten zugeschrieben, die mit den anerkannten historischen Tatsachen nicht in Übereinstimmung zu bringen oder sonst zweifelhaft sind, so dass wir ihn womöglich für einen Lügner halten müssen mit der Folge, dass auch sein übriger Bericht in Misskredit gerät.

Es geht hier vor allem um drei Punkte:

Erstens behauptet Marco Polo, er sei in China als Gesandter von Kublai Khan unterwegs gewesen.

Zweitens behauptet er, er sei drei Jahre lang Gouverneur der bedeutenden Stadt Yangzhou gewesen.

47

Drittens behauptet er, die drei Polos hätten Kublai Khan zwei Geschützbauer, einen Deutschen und einen nestorianischen Christen, vermittelt, die drei Steinkatapulte gebaut hätten. Mit diesen Wurfmaschinen sei die seit drei Jahren erfolglos belagerte Stadt Xiangyang zur Aufgabe gezwungen worden.

Gesandter und Beamter?

Die erste und die zweite Behauptung, Marco Polo sei zeitweise Gesandter und zeitweise Gouverneur einer Stadt, also in offiziellem kaiserlichem Auftrag tätig gewesen, sind insofern nicht undenkbar, als die Mongolen damals vorzugsweise Nichtchinesen mit Posten versahen. Doch über die Inhaber aller bedeutenden Positionen sind wir aus den chinesischen Quellen unterrichtet, und ein Marco Polo ist nicht darunter. Er war also mit Sicherheit nicht Gouverneur von Yangzhou.

Nun hat aber die Marco-Polo-Forschung herausgefunden, dass die betreffende Aussage in drei der ältesten Manuskripte gar nicht enthalten ist. Vielleicht haben die Kopisten sie unter den Tisch fallen lassen, aber das ist unwahrscheinlich, denn diese Aussage ist dafür einfach zu spektakulär. Eher mag eine Erklärung zutreffen, die ein chinesischer Marco-Polo-Forscher vorgeschlagen hat: dass nämlich durch einen Lesefehler beim Abschreiben aus „sejourna", „hielt sich auf", „governa", „verwaltete" wurde. Tatsächlich wirkt der Wortlaut in der vorliegenden Fassung mit „governa", verwalten, seltsam. Da heißt es über die „prachtvolle Stadt" Yangzhou:

> Das ist eine wichtige Kapitale, unter ihrer Oberhoheit stehen siebenundzwanzig bedeutende Handelsplätze. Einer der zwölf obersten Beamten des Großkhans residiert hier. Yangiu [Yangzhou] ist eine kaiserliche Präfektur. Die Bewohner sind alle Heiden, sie sind dem Khan untertan und gebrauchen das Papiergeld. Messer Marco Polo, von dem dieses Buch handelt, war hier drei Jahre lang Gouverneur.[9]

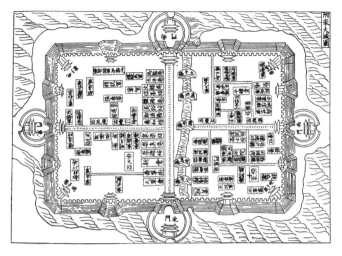

Abb. 29: Yangzhou vor der mongolischen Eroberung 1275

Also: Erst heißt es: „Einer der zwölf obersten Beamten des Großkhans residiert hier", dann kommen andere Informationen, und
danach erst folgt die Behauptung: „Marco Polo war hier drei Jahre
Gouverneur". Hätte der letzte Satz in der Urversion gestanden,
würde man erwarten, dass es von vornherein heißt: „Marco Polo,
von dem dieses Buch handelt, fungierte hier drei Jahre lang als
einer der zwölf obersten Beamten des Großkhans". Stattdessen
erscheint die Behauptung, Polo sei Gouverneur gewesen, außerhalb der Reihe, und die Formulierung greift nicht die vorher einge-
führte Bezeichnung der zwölf obersten Beamten auf. Dieser Widerspruch ist auch schon Ramusio aufgefallen, der im 16. Jahrhundert zum ersten Mal versuchte, aus allen bekannten Marco-Polo-
Manuskripten die vollständige Urfassung zu rekonstruieren. Ramusio erweiterte nämlich den betreffenden Satz wie folgt: „Meister
Marco Polo, von dem dieses Buch handelt, war hier drei Jahre lang
Gouverneur *im Auftrag des Großkhans an Stelle eines der zwölf obersten
Beamten.*" Dieser nachträgliche Versuch, einen Widerspruch im
Text zu beseitigen, zieht die Glaubwürdigkeit dieses Passus aber
erst recht in Zweifel. Im Übrigen gibt es an anderer Stelle einen

49

Abschnitt, in dem auf die erwähnten Großbeamten, ihre Obliegenheiten und Kompetenzen recht ausführlich eingegangen wird, aber kein Wort davon die Rede ist, Marco Polo sei je einer der zwölf gewesen. Wir dürfen daher überzeugt sein, dass Marco Polo selbst niemals behauptete, Gouverneur von Yangzhou gewesen zu sein, sondern dass hier ein Kopistenfehler vorliegt.

Anders liegen die Verhältnisse bei der Behauptung, Marco Polo sei im Auftrag von Kublai Khan durch China gereist, um ihm von den Verhältnissen im Reich zu berichten. Frances Wood schreibt dazu:

> Falls Marco Polo weniger wichtig war, als er behauptet, ist es schwer, sich vorzustellen, dass er in offizieller Mission 17 Jahre durch China reiste. Falls er so wichtig war, wie er behauptet, erstaunt die Tatsache, dass die chinesischen Dokumente seinen Namen nicht kennen.[10]

Abb. 30: Der Großkhan übergibt den Polo-Brüdern ein goldenes Tablett, durch das sie als seine Botschafter ausgewiesen werden

Schauen wir auch hier genauer hin. Zunächst einmal fällt auf, dass die Stelle, auf die sich Wood bezieht, nicht im Text steht, sondern in Rustichellos schwärmerischem Vorwort. Dort heißt es:

> Voll Vertrauen in seine Klugheit, schickt der Großkhan Marco als Gesandten in eine sechs Reisemonate entfernte Provinz.[11]

Abb. 31: Ankunft der Polos in einer chinesischen Stadt

Und ein paar Sätze weiter:

> Ich möchte nicht ausschweifen, doch ihr müsst wissen: Messer
> Marco blieb siebzehn Jahre beim Großkhan; während dieser
> ganzen Zeit war er meistens auf Gesandtschaftsreisen. Der
> Großkhan übertrug ihm alle wichtigen Missionen, auch diejeni-
> gen in weit entfernte Länder; denn Messer Marco war nicht
> nur ein geschickter Botschafter, sondern auch ein aufmerksa-
> mer Beobachter und guter Berichterstatter. Jedes Unterneh-
> men führte er vernünftig zu Ende. Über das Neueste, über alle
> außergewöhnlichen Ereignisse war er immer unterrichtet.[12]

Polo selbst behauptet also gar nichts, sondern Rustichello, das
„Ich" des Textes, spricht über ihn. Was er aber zu erzählen hat
über Polo, steht zu dem, was im Buch selbst berichtet wird, im
Widerspruch. Suchen wir dort nämlich die entsprechende Stelle
auf, finden wir lediglich Folgendes:

> Messer Marco wurde vom Großkhan mit einer Mission in den
> Westen betraut. Er verließ also Cambaluc und reiste vier Mo-
> nate lang westwärts.[13]

51

Was im Vorwort also sechs Monate waren, sind weiter hinten im Text nur noch vier Monate, und von einer wichtigen Mission ist gar nicht mehr die Rede. Das mag ein informeller Auftrag gewesen sein, durch die sich der junge Mann hoch geehrt fühlte mit der Folge, dass der Ghostwriter die Reise nicht nur hinsichtlich ihrer Dauer, sondern in ihrer Bedeutung völlig übertrieben darstellte. Wer hier nicht zwischen Einleitung und dem eigentlichen Bericht unterscheidet, hat offenbar etwas Wesentliches übersehen: nämlich Rustichellos Interesse, Marco als wichtig erscheinen zu lassen und den Bericht sensationell aufzubauschen. Wie ich weiter unten nachweise, spricht Marco von sich selbst viel bescheidener. Wood und andere Zweifler scheren dagegen Rustichello und Marco Polo stets über einen Kamm – ein unzulässiges Verfahren, das die Forderungen wissenschaftlicher Textkritik ignoriert.

Der Wurfmaschinenbauer?

Bleibt der dritte fragliche Punkt, nämlich die Sache mit den Wurfmaschinen bei der Belagerung von Xiangyang. Das ist in der Tat eine spannende Geschichte:

Abb. 32: Mittelalterliche Artilleriemaschinen (1-5 Chinesisch, 6-8 Sarazenisch, 9-22 Französisch)

Und nun erzähle ich Euch eine wahre Begebenheit. Ganz Mangi hatte sich den Tataren ergeben, aber Saianfu [Xiangyang] vermochte sich noch drei Jahre lang zu halten. Ein mächtiges Heer des Großkhans lagerte während dieser Zeit in nächster Nähe, und zwar im Norden; denn auf allen anderen Seiten war die Stadt von einem großen, tiefen See umgeben. Die Stadt konnte also nur von Norden belagert werden. Auf dem Wasserweg wurde sie reichlich mit allem Lebensnotwendigen versorgt. Die Bevölkerung hätte sich nie ergeben, wenn sich nicht ereignet hätte, was ich jetzt berichte.

Drei Jahre dauerte die Belagerung schon, und die Truppen des Großkhans wurden ungeduldig und unzufrieden. Da sagten Messer Nicolao, Messer Maffeo und Messer Marco: „Wir werden Euch Mittel und Wege finden, die Übergabe zu erreichen." Die Tataren erwiderten, nichts wäre ihnen lieber. Die Worte wurden in Gegenwart des Kaisers gesprochen; denn es waren Botschafter zu ihm gekommen, die ihm erklärten, es sei der Armee unmöglich, sich der Stadt durch Belagerung zu bemächtigen … Darauf antwortete der Großkhan: „Es muss etwas geschehen; die Stadt muss fallen." Die zwei Polo und der Sohn Messer Marco sagten: „Großer Herrscher, wir haben Männer in unserem Gefolge, die fähig sind, Wurfmaschinen zu bauen, womit man große Steine in die Stadt schleudern kann. Die Einwohner sind den Geschossen ausgeliefert, sie werden sich ergeben. Sobald die Schleudermaschinen einsetzen, ist der Widerstand gebrochen." Der Kaiser war mit dem Vorschlag einverstanden und beauftragte die Venezianer, die Maschinen so rasch als möglich zu bauen.

Messer Nicolao, sein Bruder und sein Sohn Marco hatten einen Deutschen und einen Nestorianer bei sich; diese zwei waren Meister im Wurfmaschinenbau. Die Polo baten die beiden, zwei oder drei Katapulte herzustellen, die dreihundert Pfund schwere Steine zu schleudern vermögen. Sie bauten drei treffliche Maschinen. Als sie fertig waren, ließ sie der Kaiser zu den Belagerern von Saianfu transportieren. Die Wurfmaschinen wurden dem Heere vorgeführt; den Tataren erschienen sie als das größte Wunder der Welt. [14]
Und damit gelang nun wirklich die Eroberung.

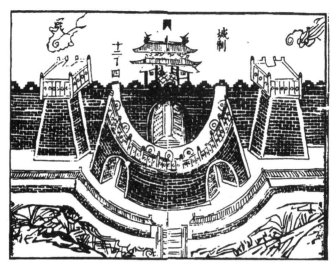

Abb. 33: Vorwerk und vorgebaute Wehrterrassen (sog. Pferdeköpfe) einer chinesischen Stadt, Mitte 11. Jh.

In dieser Form ist die Geschichte ein Märchen. Die Stadt Xiang-yang wurde zwar lange Zeit erfolglos belagert, und tatsächlich spielten bei der schließlichen Erstürmung der Stadt Wurfmaschinen eine Rolle, und es ist auch belegt, dass diese Wurfmaschinen von Nichtchinesen konstruiert wurden, doch geschah das alles bereits im Jahr 1273, rund zwei Jahre, bevor die drei Polos in China eintrafen. Hat sich Marco Polo hier dreist mit fremden Lorbeeren geschmückt? Oder hat sein Mitgefangener und Ghostwriter Rustichello gemeint, der Text brauche mal wieder etwas mehr Spannung? Tatsächlich berichten dieselben Manuskripte, die schon Polos angebliches Gouverneursamt in Yangzhou nicht verzeichneten, auch diese Belagerungsgeschichte nicht. Sie fällt auch auf Grund innerer Merkmale in zweifacher Hinsicht aus dem Rahmen. Da sind zum einen stilistische Gründe. Nur hier und an einer anderen, ebenfalls zweifelhaften Stelle, die unten noch erwähnt wird, sprechen die Polos in wörtlicher Rede. Der ansonsten stets sachbezogene Bericht

54

wird auf einmal durch eine lebendige Geschichte unterbrochen. Darin wird der Sprechende jedoch nicht identifiziert:

> Da sagten Messer Nicolao, Messer Maffeo und Messer Marco: „Wir werden euch Mittel und Wege finden, die Übergabe zu erreichen." Die Tataren erwiderten, nichts wäre ihnen lieber. … Die zwei Polo und der Sohn Messer Marco sagten: „Großer Herrscher, wir haben Männer in unserem Gefolge, die fähig sind, Wurfmaschinen zu bauen …"[15]

Es heißt nicht: „Ich sagte …" oder: „Mein Vater sagte …". Der Dialog wirkt wie nachträglich hinzuerfunden. Überdies wechselt der Ort der Handlung. Die Belagerung von Xiangyang wird bei der Schilderung von Xiangyang erwähnt, aber der Dialog zwischen den Polos und den Tataren bzw. dem Kaiser fand nicht in Xiangyang, sondern in Peking, vielleicht auch im Sommersitz Shangdu statt.

Abb. 34: Der Palast des Großkhan in Ciandu [Shangdu]

Otto Franke, der Nestor der deutschen Sinologie, äußerte zu dieser Textstelle, es seien dazu schon die scharfsinnigsten Erklärungsversuche unternommen worden, und fügt hinzu:

Es ist hier nicht der Ort, auf die verschiedenen Erklärungen ein-
zugehen, nur soviel sei gesagt, dass das Kapitel mit Ausnahme
des Anfangs den Stempel der Fälschung an der Stirn trägt: es ist
von einem der frühen Überarbeiter von Polos Aufzeichnungen
hinzugefügt worden, sei es aus missverstandenen Äußerungen,
sei es als bewusste Fälschung in majorem gloriam des Reisenden.
Polos Glaubwürdigkeit nimmt dabei keinen Schaden.[16]

Und Franke verweist darauf, dass eines der frühesten Manuskripte, das erst 1933 in Toledo wieder gefunden wurde, die
ganze Belagerung in einem einzigen Satz abhandelt, in dem von
irgendwelchen Anteilen der Polos keine Rede ist.

Während sich aber Otto Franke nicht sicher war, ob der Bericht hier auf missverstandenen Äußerungen beruht oder eine
bewusste Fälschung war, möchte ich doch für ersteres plädieren.
Das hängt mit dem angeblichen deutschen Ingenieur zusammen,
der zusammen mit einem Nestorianer die Wurfmaschinen konstruiert haben soll. Zwar wäre ein solcher Deutscher wohl nicht
der erste gewesen, der nach China kam, doch auch hier scheint
eher ein Lesefehler vorzuliegen. Das verschollene Originalmanuskript von Rustichello war, wie wir wissen, auf Französisch verfasst worden, und das Wort für den Deutschen lautet darin „ala-
mainz". Die wirklichen, in der chinesischen Dynastiegeschichte
der Yuan überlieferten Erbauer waren aber zwei Perser, einer
mit Namen Ismail und der zweite mit Namen Alî ed-Dîn. Dabei
handelte es sich womöglich um einen Angehörigen des persischen
Stammes der Alanen. Vielleicht hat Marco Polo diesen Namen in
einer Weise, wie er ihn sich gemerkt oder notiert hat, überliefert,
doch er wurde nicht richtig verstanden, so dass dann aus dem
Alanen Alî ed-Dîn, Namen, die in Italien niemand kannte, ein
Alleman, ein Deutscher, wurde.

Abb. 35: Zweisprachige, in Chinesisch und Syrisch
abgefasste nestorianische Inschrift aus Xi'an, von 781

57

Gewiss hat Polo selbst diese Geschichte der Belagerung weiter-
erzählt, von der er offenbar gehört hatte. Dabei könnte das
Missverständnis mit dem Deutschen auf ihn selbst zurückgehen.
Wahrscheinlicher ist aber, dass dieses Detail derjenige ver-
fälschte, der gleich die ganze Heldentat den Polos andichtete,
womöglich im Bewusstsein der Tatsache, dass, wie es wirklich
war, ohnehin keiner überprüfen konnte. Da die Episode auch
aus stilistischen Gründen völlig aus dem Rahmen fällt, darf man
Otto Franke wohl darin beipflichten, dass die Glaubwürdigkeit
des übrigen Textes durch diesen Passus nicht leidet.

Hörensagen und Chinareisen

Die Zweifel, die hinsichtlich der Frage bestehen, ob Marco Polo bis
China kam, lassen sich also sehr weitgehend ausräumen. Aber
selbst wer die Gegenargumente gelten lässt, muss zugestehen, dass
der Text eine überwältigende Fülle zutreffender Schilderungen
enthält – zu Städten, Lebensweisen, politischen Ereignissen, Regie-
rungsformen und vielem mehr. Wenn das nicht auf persönlichem
Erleben beruht, ergänzt durch Berichte anderer, worauf dann?
Henze erklärt das ganze Buch zum „Hörensagenzeugnis", aber wo
soll wohl Marco Polo so viel Hörensagen gesammelt haben? Und
wenn er gar nicht bis China kam, wie Henze schreibt, warum gab
es keinen anderen der italienischen Fernhandelskaufleute, dem
dieses Hörensagen zuteil wurde – damals nicht, und auch sonst zur
Mongolenzeit nicht?

Im Hintergrund aller Zweifel steht die unausgesprochene Ver-
mutung, dass eine Reise von Europäern nach China zur damaligen
Zeit, im 13. Jahrhundert, eigentlich kaum denkbar war. Genau das
aber trifft nicht zu. Der Historiker Folker Reichert, der sich mit
der Geschichte der europäischen Kenntnis des Fernen Ostens ausführlich befasst hat, hat eine Liste der nachgewiesenen europäischen Chinareisenden des 13. und 14. Jahrhunderts erstellt, und

darin taucht Marco Polo in chronologischer Reihenfolge erst an 34. Stelle auf. Auch in Gegenrichtung wurde gereist. Namentlich bekannt ist uns Rabban Sauma (1225–1294), ein aus Peking gebürtiger nestorianischer Missionar zentralasiatischer Herkunft, der zu Polos Zeiten bis nach Rom und Paris gelangte. Noch Ende des 13. Jahrhunderts schickte der Papst erstmals einen katholischen Bischof nach Peking, der dort um die gleiche Zeit eintraf wie die zurückkehrenden Polos in Venedig, und im Jahr 1342 wurde in dem zuvor erwähnten Yangzhou ein italienisches Mädchen bestattet, das offenbar mit seinem Vater, einem Kaufmann, nach China gereist war. Ihr lateinisch beschrifteter Grabstein wurde 1951 entdeckt.

Abb. 36: Lateinischer Grabstein aus Yangzhou, 1342

Abb. 37: Dschingis-Khan auf dem Thron

Frances Wood meint nun, Marco Polo könne seine Informationen über China auch einer persischen Quelle entnommen haben. Diese Möglichkeit ist jedoch völlig aus der Luft gegriffen. Für die Existenz einer solchen Quelle liefert Wood in ihrem Buch nicht den Hauch eines Beweises, im Gegenteil: Die älteste persische Beschreibung Chinas, von Raschid ad-Dîn etwa um die gleiche Zeit verfasst wie Marco Polos Weltbeschreibung, stützt sich erwiesenermaßen auf eine chinesische Quelle. Gäbe es eine persische, hätte Raschid ad-Dîn sie natürlich als erste herangezogen.

Auch Henze kann für seine These vom Hörensagen keinen positiven Beleg zur Herkunft von Marco Polos Chinawissen beibringen, sondern schreibt nur: „Der gewünschte Nachweis einer persischen oder anderen Quelle wird schwerlich zu erbringen sein." Wer aber die einfachste, nächstliegende Annahme, dass Marco Polo durch China reiste, verwirft und die Fehler, Ungenauigkeiten, schematischen Wiederholungen und Auslassungen nicht auf die Summe der bekannten Faktoren zurückführen will – kein Originalmanuskript erhalten, Erinnerungslücken, Zutaten und Überzeichnungen durch Rustichello, Zutaten, Verfälschungen und Auslassungen von Kopisten und Übersetzern –, der muss plausibel machen, woher denn all die erstaunlichen, zutreffenden Detailinformationen gekommen sein sollen und warum dieses Hörensagen nur Polo zuteil wurde und keinem sonst. Genau dieser Nachweis fehlt aber.

Aber halt! Marco Polo selbst bekennt, dass er für die üppigste aller Ortsbeschreibungen, die von Hangzhou, auf einen chinesischen oder mongolischen Text zurückgriff. Und Rustichello schreibt in seiner Einführung:

> Es gibt allerdings einzelnes, das er [Marco Polo] nicht gesehen, jedoch von vertrauenswürdigen Leuten vernommen hat. Es wird daher Selbsterlebtes vom bloß Gehörten getrennt, auf dass unser Buch ein richtiges, ein wahrheitsgetreues und kein Fabelbuch sei.[17]

Warum nur sollten Polo und sein Ghostwriter hier so feinsinnig differenzieren, wenn sie uns doch weismachen wollen, Polo habe China mit eigenen Augen gesehen?

Diese Argumentation kann und muss man noch einen Schritt weiter treiben. Wenn Polo ausschließlich Hörensagen weitergegeben hätte, müssten die damals über ferne Weltgegenden kursierenden Mythen eine viel größere Rolle in seinem Bericht gespielt haben. Über dieses Hörensagen zur damaligen Zeit wissen wir recht gut Bescheid. Es war von jenem eingangs erwähnten Wunderglauben geprägt, den Polo jedoch nur ausnahmsweise bediente. Stattdessen bringt er Informationen, die den Horizont jedes damaligen Lesers oder Hörers weit überstiegen. Ein schönes Beispiel ist, dass Polo von den Versuchen der Mongolen berichtet, Japan zu erobern, und dabei auch den Sturm schildert, der diese Pläne zunichte machte. Niemand in Europa hatte zuvor je etwas von Japan gehört. Lag schon China jenseits des Wahrnehmungshorizonts, wie viel mehr erst diese Inseln, die nicht einmal Beziehungen zum Mongolenreich unterhielten! Kublai Khans See-Expeditionen gegen Japan fanden in den Jahren 1274 und 1281 statt, die erste also ein Jahr vor Polos Ankunft in Peking, die zweite sechs Jahre später. Polos Bericht dazu verarbeitet natürlich Hörensagen, denn er war ja nicht dabei. Aber wo anders als in China hätte Polo diese Informationen bekommen sollen, und wo anders als unter den über ihre Verluste entsetzten Mongolen wären ihm die Meldungen darüber überhaupt berichtenswert erschienen?

Ich komme an dieser Stelle zurück auf die Frage, ob es nicht doch Sachquellen gibt, die Marco Polos Anwesenheit in China beweisen. Tatsache ist: Es sind uns keine überliefert, jedenfalls keine unzweifelhaften. Sehr wohl überliefert aber ist uns die im Jahr 1351 erstellte Inventarliste des venezianischen Dogen Marin Faliero, die folgende Geschenke Marco Polos verzeichnet: einen Fingerring von Kublai Khan, eine mongolische Halskette, indischen Brokat und ein Buch aus Polos Hand mit dem Titel *De locis mirabilibus Tartarorum,* „Die wundersamen Orte der Tataren", also Chinas. Wenn dies alles Lügenwerk und Fälschungen gewesen sein sollen, denen damals schon der Doge aufsaß, müsste sich Marco Polo sehr viel unnütze Mühe gemacht haben, als er eine Fülle von Details zusammentrug, die, wie wir heute wissen, zutreffen, deren Gültigkeit damals aber niemand überprüfen konnte. Ich glaube, das passt nicht so recht zusammen.

Dass Marco Polo bis nach China kam, darf jedenfalls als gesichert gelten, und dieser Annahme stimmt auch die übergroße Mehrheit aller Wissenschaftler zu, die sich mit Marco Polos Bericht befasst haben.

Abb. 38: Dieses Weihrauchgefäß aus songzeitlichem Seladon, das einst San Marco in Venedig gehörte und sich heute im Pariser Louvre befindet, soll Marco Polo persönlich aus China mitgebracht haben. Einen Beweis dafür gibt es allerdings nicht.

Marco Polo über sich selbst

Die Frage „Wie weit kam Marco Polo?" ist damit aber noch nicht richtig beantwortet. China ist schließlich ziemlich groß. Vielleicht kamen die Polos bloß bis Peking? Um diese Frage zu klären, habe ich die Stellen zusammengetragen, in denen Marco Polo persönlich erwähnt ist. Es sind – ohne Berücksichtigung der Einleitung und ohne die Rückreise über Indien nach Venedig – insgesamt 20 Stellen, wenn die englische Übersetzung von Latham zugrunde gelegt wird. Von den 20 Erwähnungen der Person Polos beziehen sich 18 auf das chinesische Territorium. Auffällig ist, dass nur sieben der 20 Erwähnungen einer persönlichen Anwesenheit und Zeugenschaft Marco Polos von ihm in der ersten Person, also als „ich", sprechen. Die anderen 13 benennen ihn in der 3. Person, als „Messer Marco". Mindestens zwei dieser 13 Erwähnungen habe ich oben als unglaubwürdig zurückgewiesen, es sind die, die sich auf Polo als angeblichen Gouverneur von Yangzhou und auf seine angebliche Rolle bei der Vermittlung zweier Geschützbaumeister beziehen. Unter diesen 13 Erwähnungen von Marco Polo in der dritten Person befindet sich auch die zweite der beiden Textstellen, die stilistisch aus dem Rahmen fallen dadurch, dass es sich um eine längere Anekdote mit wörtlicher Rede handelt:

Als Messer Marco und sein Onkel Maffeo sich in Fugiu [Fuzhou] aufhielten, machten sie Bekanntschaft mit einem gebildeten Sarazenen; dieser sprach zu ihnen: „In einem bestimmten Stadtquartier lebt eine Gemeinschaft von Menschen, von deren Religion niemand etwas weiß. Heiden sind sie nicht, denn sie haben keine Götzen. Das Feuer beten sie nicht an. Dem mohammedanischen Gesetz gehorchen sie nicht, und sie scheinen auch die christlichen Gebote nicht zu befolgen. Wäret ihr bereit, mit mir zusammen jene Leute zu besuchen und mit ihnen zu reden? Vielleicht begreift ihr etwas von ihrer Lehre." Sie gingen also miteinander hin, begannen ein Gespräch mit den Einwohnern, fragten allerhand und stellten Fragen über ihre Religion. ... in Gesprächen fanden sie [i.e. die Venezianer] heraus, dass sie es mit Christen zu tun hatten. Die Leute besaßen sogar Bücher, und Messer Maffeo und Marco lasen darin. Sie begannen, die Schrift zu verstehen, und übersetzten Wort für Wort von einer Sprache in die andere; so fanden sie heraus, dass es das Buch der Psalmen war. Sie wollten nun wissen, woher sie den christlichen Glauben und die Lehre hätten. Die Leute antworteten: „Von unseren Vorfahren." Die Venezianer erfuhren auch, dass sich in einem Gotteshaus drei Apostelbilder befanden. Darauf waren drei von den siebzig Aposteln dargestellt, die einst ausgezogen waren, das Christentum in der ganzen Welt zu verkünden. Die Leute erzählten weiter, die drei Apostel hätten ihren Urahnen die christliche Religion gepredigt, und siebenhundert Jahre lang sei sie von Generation zu Generation weitergegeben worden. Da ihre Gemeinschaft aber seit langem nicht mehr von außen unterrichtet worden sei, kannten sie die eigentliche Lehre nicht. Sie schlossen mit den Worten: „An allem, was wir von unseren Vätern wissen, halten wir fest, und so wie es in den Büchern steht, feiern wir unsern Gottesdienst und verehren wir die drei Apostel."[18]

Die Polos halfen den verborgenen Christen schließlich, als Glaubensgemeinschaft offiziell anerkannt zu werden.

Ich sehe zwar keine inhaltlichen Gründe dafür, dass man an der Glaubwürdigkeit dieser Geschichte zweifeln müsste, aber aus den genannten stilistischen Gründen sollte man doch eher annehmen, dass hier ebenfalls eine nachträgliche, nicht autorisierte Ergänzung vorliegt. Dafür spricht auch, dass dieser Passus nicht dem Zweck dient, europäische Leser über die Wunder Chinas zu informieren, sondern vielmehr dazu, die Klugheit der drei Polos herauszustreichen, was offenbar mehr ein Anliegen Rustichellos oder späterer Bearbeiter des Textes als eines von Marco Polo selbst war, der andernfalls ja gut und gern einen höchst abenteuerlichen Reisebericht anstatt eines zwar zuweilen schwärmerischen, aber doch von seinen eigenen Erlebnissen absehenden Reiseführers hätte vorlegen können.

Abb. 39: Marco Polo, Ölgemälde 16. Jh.

Wie wenig Polo seine eigene Person herausstreicht, wird klar, wenn man die sieben Fälle näher betrachtet, in denen er von sich selbst in der ersten Person spricht. Wir finden hier folgende Aussagen:

1. In jenem selben Berg gibt es Mineraladern, die man ausbeutet, um Salamander [Asbest] herzustellen. … Wenn die Leute das Wort Salamander hören, meinen sie immer, es handle sich um Tiere; aber die Leute sind schlecht unterrichtet; ich werde euch jetzt eines Besseren belehren. Ich hatte nämlich einen sehr klugen türkischen Reisegefährten mit Namen Çurficar. Im Auftrage des Großkhans hatte er sich drei Jahre in jener Provinz aufgehalten, um alles Mögliche, im besonderen Salamander, Eisenerz und Stahl zu fördern. Alle drei Jahre schickt der Großkhan einen Statthalter, der das Land regiert und der für die Salamanderherstellung zu sorgen hat. Mein Gefährte hat mir das Verfahren erklärt, und ich habe es mit eigenen Augen gesehen.[19]

2. Im Jahre 1290 nach Christi Geburt, als ich, Marco Polo, am Hofe des Großkhans weilte, war die Provinz [Bengalen] noch nicht in seiner Macht, doch seine Heere standen zur Eroberung bereit.[20]

3. In Catai [Nordchina] herrscht noch ein weiterer Brauch, worüber ich euch unterrichten möchte. Die Heiden kennen vierundachtzig Götter, jeder hat seinen eigenen Namen. Der oberste Gott hat jedem eine besondere Fähigkeit verliehen. … Jeder Gott wird bei seinem Namen gerufen, und von jedem weiß man genau, wie er ist und was er vermag. Diejenige Gottheit, die Verlorenes wieder findet, wird in zwei fein geschmückten Holzstatuetten von der Gestalt zwölfjähriger Knaben dargestellt. … Jeder, der etwas verloren hat oder dem etwas entwendet worden ist, gelangt wieder zu seinem Besitz. Sobald der Eigentümer sein Gut hat, opfert er in Demut und Ehrfurcht eine rechte Elle kostbaren Stoffes, sei es Linnen oder golddurchwirkte Seide. Und ich, Marco, ich selbst habe auf diese Weise meinen verlorenen Ring wieder gefunden, ohne dass ich aber jene Götter verehrt noch ihnen geopfert hätte.[21]

4. Ihr dürft aber nicht meinen, ihr wäret erschöpfend über Catai unterrichtet, oder auch nur über einen Zwanzigstel davon. Ich, Marco Polo, habe nur solche nordchinesischen Städte beschrieben, die ich auf meiner Reise durch die Provinzen besucht habe.

Abseits gelegene Orte und Gegenden habe ich ausgelassen; die Aufzählung wäre langweilig gewesen.[22]

5. Nun da wir in der Kapitale angelangt sind, werde ich eingehend darüber berichten; denn ihre Schönheit verdient eine ausführliche Beschreibung. Quinsai [Hangzhou] ist bei weitem die glanzvollste Stadt der Welt. Ich folge jetzt der schriftlichen Schilderung, die die Königin dem Eroberer Baian zukommen ließ. Sie fügte die Bitte an, dieses Schriftstück dem Großkhan vorzulegen, damit er sich über die Pracht dieser Stadt unterrichte und deswegen die Plünderung und Verwüstung verbiete. Ich werde der Reihe nach erzählen, was im Brief der Königin steht. Alles, was ich sage, ist wahr, denn ich, Marco Polo, habe es später mit eigenen Augen gesehen.[23]

6. Diesen Bericht [über das frühere Leben in den Gärten des Kaiserpalastes der Song in Hangzhou] gab mir ein reicher Kaufmann aus Quinsai, den ich in der Stadt kennen lernte. Er war ein sehr alter Mann, der vertrauten Umgang mit der Familie von König Facfur hatte, und über dessen Lebensgeschichte Bescheid wusste. Er hatte den Palast in seinen Glanzzeiten erlebt und war beglückt, mich durch ihn führen zu dürfen.[24]

7. Ihr sollt erfahren, wie hoch die Abgaben sind, die Quinsai und seine Gebiete, das heißt der neunte Teil der Provinz Mangi, dem Großkhan entrichten. ... Und ich, Marco Polo, ich habe oft den Steuerberechnungen zugehört, und ich kann euch versichern, dass – ohne das Salz – in einem Jahr gewöhnlich zweihundertzehn Goldtoman abgeliefert werden, das heißt vierzehn Millionen siebenhunderttausend Goldsaggi. Das ist ein unvorstellbarer Steuerertrag; noch nie hat ein Mensch von so etwas berichten können. Und dieses viele, viele Geld sind nur die Einkünfte aus einem einzigen der neun Teilreiche.[25]

Wie man sieht, sind diese Erwähnungen seiner selbst sehr unspektakulär und im Ton so zu zurückhaltend wie dem Inhalt nach glaubwürdig.

Mit dieser Beobachtung gewinnen wir überraschenderweise auch einen neuen Analyseschlüssel zur Bewertung des Textes. Wo Polo von sich selbst spricht, so teils nebenher – „ein Kaufmann, den ich kennen lernte ..." –, teils zur Betonung der

Authentizität des Geschilderten: „Ich habe es mit eigenen Augen gesehen." Niemals streicht der in der Ich-Form redende Marco Polo eigene Leistungen besonders heraus. So bestätigt sich, dass es vielmehr Rustichellos Absicht gewesen sein muss, aus Marco Polo einen Helden zu machen. Nicht zufällig spricht Rustichello oft von „unserem Bericht". Hätte aber Polo dem Leser eine Chinafahrt, die es gar nicht gab, vorspiegeln wollen, hätte er im Gegenteil viel mehr persönliche Erlebnisse erfinden und viel mehr in der Ich-Form berichten müssen.

Der deutsche Romanist Dietmar Rieger hat 1992 eine Untersuchung zur Verwendung von „ich", „er" und „wir" in Marco Polos und Rustichellos Buch vorgelegt und dabei die dominierende Rolle Rustichellos nachgewiesen:

> Das Ich des Redaktors [d.h. Rustichellos] erzählt aus der Distanz des im wahren Sinne unbeteiligten Erzählers das wieder, was Marco Polo ihm berichtet. ... In Saba erkundigen sich Marco Polo und seine Begleiter nach den heiligen drei Königen: ... „sie erfahren darüber, was *ich* euch berichten werde".[26]

Das geht so weit, dass Rustichello von dem Buch zuweilen als „mein Buch" spricht. Rieger weist ferner darauf hin, dass das häufige Wir bei genauer Betrachtung nicht immer die Bedeutung hat: „wir, die Autoren" , nämlich Rustichello und Polo, oder fallweise: „wir, die Polos", sondern auch bedeuten kann: „wir, die Autoren, und du, der Leser", so an den wiederholten Formulierungen der Art: „Wir werden jetzt XY verlassen und uns nach Z begeben" – nämlich in der Reihenfolge der Schilderung. Die Reihenfolge bei der Reise könnte demnach auch eine andere gewesen sein. Angesichts der starken, ja dominierenden Prägung des Berichts durch den Romancier Rustichello ist also äußerste Vorsicht geboten, wenn man Marco Polo auf Grund seiner „Wunder der Welt" verdammen will.

Kehren wir zur Frage zurück, welche Orte Polo in China aus eigener Anschauung kannte. Wie soeben gesagt, beschrieb er eigener Angabe zufolge nur solche nordchinesischen Städte, die er auch besuchte. Hätte er sich nur auf fremde Angaben gestützt und wäre er ein Angeber, hätte er auch mehr Orte beschreiben und behaupten können, er wäre überall gewesen. Dass er dies nicht tat, spricht für seine Glaubwürdigkeit.

Im Gegensatz dazu fällt auf, dass die ganze Reiseroute über Sichuan und Yunnan bis nach Birma und Bengalen nicht mit *einer* persönlichen Erwähnung Marco Polos verknüpft ist, übrigens auch nicht in der dritten Person, außer bezüglich des kaiserlichen Auftrags, in den Westen zu reisen. Auch aus anderen Gründen, dass nämlich diese Reise in der angegebenen Zeit gar nicht zu schaffen ist, erscheint es daher zweifelhaft, dass er in Richtung Südwest über Chinas Grenzen hinausgekommen ist; zudem widersprechen sich in dem Punkt, wie erwähnt, Rustichellos Einleitung und der eigentliche Text. Oder sollten beide Zeitangaben auf falscher Erinnerung beruhen und das Fehlen einer explizit persönlichen Beobachtung Zufall sein? Auch dies wäre möglich. Letztlich ist diese Frage wohl nicht entscheidbar.

Abb. 40: Darstellung von Quinsai [Hangzhou], um 1400

Auffallend ist dagegen, dass sich drei der sieben Erwähnungen in der ersten Person auf die besonders ausführlich geschilderte Hauptstadt der Süd-Song, Hangzhou, beziehen, das bei Marco

Polo Quinsai heißt. Die oben zitierten Textstellen geben an sich keinen Grund zur Annahme, dass Marco Polo nicht dort war, im Gegenteil ist diese anschaulichste und detaillierteste Schilderung aller chinesischen Städte ein erstklassiges Indiz dafür, dass Polo sie, wie er selbst sagt, persönlich gesehen hat. Anders als Henze es sieht, spricht meines Erachtens dagegen auch nicht, dass Polo sich hier eigener Angabe zufolge auf eine Quelle stützt, die entweder in mongolischer oder in chinesischer Sprache vorlag, denn wo anders als in China hätte er darin Einsicht nehmen oder von ihrem Inhalt Kenntnis erlangen können?

Wenn Marco Polo aber in Peking und Hangzhou war, dann ist er notwendigerweise auch durch die dazwischen liegenden Orte gekommen, die sich großenteils auch identifizieren lassen. Nachdem Marco Polos Beschreibung von Quinsai [Hangzhou] aus weiter nach Süden über Fugiu [Fuzhou] bis zum damals größten chinesischen Überseehafen Saiton [Quanzhou] geführt hat, findet sich im Text erneut ein ähnlicher Passus wie zuvor über Nordchina. Er lautet:

> Was die drei oben genannten [Königreiche: Yangiu, Quinsai, Fugiu] betrifft, haben wir alles in der richtigen Weise dargestellt; denn Messer Marco Polo hat sie selber bereist; sein Weg hat ihn durch diese Reiche geführt. Von den übrigen sechs [Königreichen] hat er viel reden und erzählen gehört. Doch da er sie nicht besucht hat, sind ihm nicht so genaue Einzelheiten bekannt.[27]

Wie schon zuvor müssen wir auch hier zugestehen: Hätte sich Marco Polo vorwiegend auf fremde Quellen gestützt, hätte er leicht behaupten können, überall gewesen zu sein und alles beschreiben zu können.

Die Brücke von Saiton

Es gibt ferner Grund anzunehmen, dass die Rückreise der Polos, wie im Buch beschrieben, per Schiff über Sumatra und den Indischen Ozean erfolgte, und zwar in Begleitung einer 17jährigen

Mongolin, die Kublai Khan im Zuge der Heiratspolitik dem Perserkönig Arghun zur Frau geben wollte. Die Fahrt der jungen Adligen über See nach Persien ist in einer chinesischen Quelle bezeugt, ebenso wie die Namen der drei königlich-persischen Gesandten, die in Peking um die Gunst einer solchen Heirat gebeten hatten. Eben diese drei Namen nennt aber auch Marco Polo und tut dies sogar in derselben Reihenfolge wie die chinesische Quelle. In dieser geht es übrigens um einen Antrag der drei Perser an den Khan, die gesamte 160-köpfige Delegation mit Proviant für die Seereise zu versorgen. Leider wurden die Namen der venezianischen Kaufleute in diesem Zusammenhang ebenso wenig überliefert wie die Namen der anderen Mitfahrer – all jener Matrosen, Köche, Hofdamen, Gardesoldaten und vieler anderer mehr, die Teil dieser diplomatischen Heiratsmission waren.

Die Delegation schiffte sich mitsamt der hohen Braut Anfang 1291 ein. Ihre Reise stand unter keinem guten Stern und dauerte Polos Angaben zufolge 18 Monate bis Persien. Dort war König Arghun mittlerweile verstorben, so dass die junge Mongolin nunmehr seinen Sohn ehelichte. Die Polos blieben noch neun Monate im Land, ehe sie weiter in Richtung Heimat reisten, wo sie nach etlichen Zwischenstationen 1295 eintrafen.

An Bord gegangen war die Braut mit ihrer vielköpfigen Entourage im großen Überseehafen Quanzhou, der bei den arabischen Händlern und so auch bei Marco Polo Saiton hieß. Polo selbst gibt eine Beschreibung dieser Stadt und er schreibt in diesem Zusammenhang auch Folgendes:

> Über den Fluß (bei Quanzhou) sind fünf prächtige Brücken gebaut; eine ist sicher drei Meilen lang und führt über etliche Arme. … Die Pfeiler bestehen aus mächtigen Steinen, die übereinander liegen und so zugehauen sind, dass sie in der Mitte breit sind und an den Enden spitz zulaufen. Dabei weist das eine Ende stromauf und das andere zur See hin, da es bei Flut auch eine starke Strömung landeinwärts gibt.[28]

Von einer dieser Brücken, der im Jahr 1059 vollendeten Luoyang Qiao, blieben die Pfeiler bis heute erhalten, und wie man sieht (Abb. 40), trifft die Beschreibung, die Marco Polo gab, nicht nur genau zu, sondern er hat auch eine Besonderheit beschrieben, die man bei anderen Brücken in China nicht oder zumindest nicht so ausgeprägt findet.

Es ist genau diese Art von Detailbeobachtung, die für Marco Polos Glaubwürdigkeit spricht, und zwar um so mehr, als sie zu den Umständen seiner Reise passt: Er war jung und in der Obhut von Vater und Onkel unterwegs, hatte daher den Kopf einigermaßen frei, sich auch Einzelheiten zu merken, die ihm sozusagen am Wegesrand auffielen. Die bald 1000 Jahre alten Brückenpfeiler illustrieren dies trefflich. Es fällt schwer, sich vorzustellen, dass er über solch ein Konstruktionsmerkmal in irgendeiner damaligen persischen Literatur über China gelesen, sich dieses Detail dann auch noch gemerkt und gegenüber Rustichello für berichtenswert gehalten haben sollte. Vielmehr spricht aus dieser wie aus anderen Stellen ganz unmittelbar eine Begeisterung für Steinbrücken.

Abb. 41: Luoyang-Brücke bei Quanzhou, heutiger Zustand

Eine andere Brücke, die er beschrieb, wurde durch ihn so bekannt, dass man sie in europäischen Sprachen sogar nach ihm benannt hat: die Marco-Polo-Brücke Lugou Qiao bei Peking.

Wer aber außer vielleicht einem Brückeningenieur würde anderen von Brückenkonstruktionen vorschwärmen, die er gar nie selbst gesehen hat?

Abb. 42 Lugou-Brücke bei Peking, chinesische Tuschezeichnung

Abb. 43 Brücke von Pulisanghin [Lugou Qiao]

In der Wissenschaft hat die einfache Annahme immer Vorrang vor der komplizierten, sofern beide den gleichen Erklärungswert besitzen. Und die Entstehung des *Divisament dou Monde* ist zweifellos einfacher zu erklären, wenn wir annehmen, dass Marco Polo samt Vater und Onkel China bereist hat, als wenn wir annehmen, dass er sich einen Teil des Wissens aus uns unbekannten Quellen anlas oder irgendwo gesprächsweise aufschnappte und verbleibende Lücken mit Dichtung füllte. Dass das Buch gleichwohl viel Hörensagen enthält, geht aus ihm selbst hervor. Die nachweisbaren Fehler wiederum mindern zwar den Wert der Quelle, aber wenn wir sie gegen den Faktenschatz abwägen, den der Bericht uns liefert, so können keine vernünftigen Zweifel daran bestehen, dass Marco Polo einen Großteil Chinas zwischen Peking und Quanzhou persönlich kennen lernte und dort, nahe der Quelle, auch die Informationen sammelte, die erkennbar auf Hörensagen beruhen.

Dieser Ansicht stimmt auch die Mehrheit der chinesischen Wissenschaftler zu, die sich mit Marco Polo befasst haben, darunter Yang Zhijiu (1915–2002), der nahezu sein ganzes Forscherleben diesen Fragen widmete. Ihm verdanken wir auch den Nachweis einer chinesischen Belegstelle für die drei bei Marco Polo erwähnten persischen Gesandten. Die Arbeiten Yangs und anderer chinesischer Historiker wurden allerdings bei uns kaum zur Kenntnis genommen. Henze, der ja die Reise für einen „kolossalen Schwindel" hält, geht ihnen gänzlich aus dem Weg, und auch Frances Woods klammert sie weitgehend aus. Schade, dass sie beide die Arbeiten ihrer chinesischen Kollegen nicht mit ähnlich wachem Interesse betrachtet haben wie Polo Chinas Brücken.

Schließen wir angesichts der Unerschöpflichkeit des Themas mit einem Zitat aus der Weltbeschreibung des Marco Polo:

> Über Yangiu [Yangzhou], Quinsai [Hangzhou] und Fugiu [Fuzhou], über diese drei der neun Teilreiche von Mangi, seid ihr im Bild. Von den restlichen sechs wäre gleich viel zu berichten, doch das gäbe ein gar weitschweifiges Buch, wir brechen daher ab.[29]

Anmerkungen

1 Henze, 377.

2 Eggebrecht, 212.

3 Zit. nach Latham, 92. Vgl. Guignard, 90.

4 Guignard, 271.

5 Guignard, 154.

6 Guignard, 218.

7 Guignard, 219–220.

8 Guignard, 163.

9 Guignard, 233–234.

10 Wood, 1995, 133–134.

11 Guignard, 20.

12 Guignard, 21–22.

13 Guignard, 169

14 Guignard, 235–236

15 Ebenda.

16 Franke, Bd. 5, 176.

17 Guignard, 7.

18 Guignard, 265–267.

19 Guignard, 86–87.

20 Guignard, 208.

21 Guignard, 220–222.

22 Guignard, 226.

23 Guignard, 245.

24 Vgl. Yule, Bd. II, 208.

25 Guignard, 255–257.

26 Rieger, 301.

27 Guignard, 271–272.

28 Zit. nach Latham, 238.

29 Guignard, 271.

Abbildungsverzeichnis

Abb. 1: Frontispiz von *Das Buch des edlen Ritters Marco Polo*. Nürnberg 1477.

Abb. 2: Frontispiz der lateinischen Marco Polo-Ausgabe *Marco Polo: De regionibus orientalibus libri III*. Coloniae Brandenburgicae: Georgius Schulz, 1671.

Abb. 3: Marco Polo in Genueser Gefangenschaft. Privates Bildarchiv „China-Bilder", Hamburg.

Abb. 4: Zelte und Wagen der Mongolen. Yule 1875.

Abb. 5: Chinesische Seedschunke. *Liuqiuguo zhilue* 琉球國志略, 18. Jahrhundert.

Abb. 6: Schiffsdarstellung. Thomas Lirer, *Chronica von allen Königen und Kaisern*. Ulm: Konrad Dinckmut, 1486.

Abb. 7: Venedig. Hartmut Schedel, *Liber Chroniciarum*, Nürnberg 1493

Abb. 8: Ausschnitt aus einer Karte mit der rekonstruierten Reiseroute der Polos. Yule 1875.

Abb. 9: Einhorn und Kannibale auf Klein-Java. *Li Livres du Graunt Caam*, um 1400.

Abb. 10: Hundeköpfige auf den Adamanen. *Livre des Merveilles*, um 1400.

Abb. 11: Seladonschale, Song, mit vergoldeter Silberfassung (um 1435 entstanden) aus dem Rheinland. Staatliche Kunstsammlungen, Kassel.

Abb. 12: Jerusalemzentrierte Weltkarte. Sallust-Handschrift, 12. Jahrhundert.

Abb. 13: Die Abreise der Brüder Maffeo und Nicolo Polo nach China. *Il Milione*, 14. Jahrhundert.

Abb. 14: Peking zur Zeit des Marco Polo. Nach Hou Renzhi 1988.

Abb. 15: Porträt von Kublai Khan. *Sancai tuhui* 三才圖會, 1609.

Abb. 16: Frühneuzeitliche Weltkarte. Hartmut Schedel, *Liber Chroniciarum*, Nürnberg 1493.

Abb. 17: Karawane auf der Seidenstraße, Katalanische Weltkarte, Mallorca 1375.

Abb. 18: Notizen von Christoph Kolumbus auf seiner lateinischen Ausgabe des *Livre des merveilles.*

Abb. 19: Große Mauer der Ming-Dynastie (1368–1644), europäische Darstellung, 19. Jahrhundert. Privates Bildarchiv „China-Bilder", Hamburg.

Abb. 20: Yumen Guan, Han-Mauer. Foto: H.-W. Schütte.

Abb. 21: Baotou, Zhao-Mauer. Foto: H.-W. Schütte.

Abb. 22: Innere Mongolei, Jin-Mauer. Foto: H.-W. Schütte.

Abb. 23: Ausschnitt aus der chinesischen Weltkarte *Da Ming hunyi tu* 大明混一圖 von 1389.

Abb. 24: Ausschnitt aus der chinesischen Weltkarte *Yang Ziqi ba yudi tu* 楊子器跋輿地圖 von 1513.

Abb. 25: Mongolischer Paß in uigurischer Schrift. Yule 1875.

Abb. 26: Druckstock für Papiergeld, Ende 13. Jahrhundert. Carter 1955.

Abb. 27: Camellia sinensis. *Köhler's Medizinal-Pflanzen in naturgetreuen Abbildungen mit kurz erläuterndem Texte*, 1887.

Abb. 28: Der Palast des Großkhans in Cambaluc. *Livre des Merveilles.*

Abb. 29: Yangzhou vor der mongolischen Eroberung 1275. *Yangzhou fuzhi* 揚州府志, 1733.

Abb. 30: Der Großkhan übergibt den Polo-Brüdern ein goldenes Tablett, durch das sie als seine Botschafter ausgewiesen werden. *Il Millione.*

Abb. 31: Ankunft der Polos in einer chinesischen Stadt. *Il Millione.*

Abb. 32: Mittelalterliche Artilleriemaschinen (1-5 Chinesisch, 6-8 Sarazenisch, 9-22 Französisch). Yule 1875.

Abb. 33: Vorwerk und vorgebaute Wehrterrassen (sog. Pferdeköpfe) einer chinesischen Stadt. *Wujing zongyao* 武經總要, 1044.

Abb. 34: Der Palast des Großkhan in Ciandu [Shangdu]. *Livre des Merveilles.*

Abb. 35: Zweisprachige, in Chinesisch und Syrisch abgefasste nestorianische Inschrift von 781 aus Xi'an. Yule 1875.

Abb. 36: Lateinischer Grabstein aus Yangzhou, 1342. Rouleau 1954.

Abb. 37: Dschingis-Khan auf dem Thron, aus Rashid ad-Dîns Weltgeschichte, Bibliothèque Nationale, Paris.

Abb. 38: Weihrauchgefäß aus Seladon, Song-Zeit (10.–13. Jh.). Louvre, Paris.

Abb. 39: Marco Polo. Porträt aus dem 16. Jahrhundert. Galerie Badia, Rom.

Abb. 40: Darstellung von Quinsai [Hangzhou]. *Livre des Merveilles.*

Abb. 41: Luoyang-Brücke 洛陽橋 bei Quanzhou, heutiger Zustand. Foto: H.-W. Schütte.

Abb. 42: Lugou-Brücke 蘆溝橋 bei Peking. Yule 1875.

Abb. 43: Brücke von Pulisanghin. *Livre des Merveilles.*

Verwendete Literatur

Berliner Festspiele GmbH [Hg.], *Europa und die Kaiser von China.* Frankfurt a. M.: Insel, 1985.

Cao Wanru 曹婉如 (Hg.), *Zhongguo gudai dituji* 中国古代地图集 *An Atlas of Ancient Maps in China.* Vol. 2: *The Ming Dynasty (1368–1644).* Beijing: Wenwu chubanshe, 1994.

Carter, Thomas Francis, *The Invention of Printing in China and its Spread Westward.* Second Edition, revised by L. Carrington Goodrich. New York: Ronald, 1955.

Critchley, John: *Marco Polo's Book.* Brookfield, Vermont: Variorum, 1992.

Eggebrecht, Arne [Hg.], *Die Mongolen und ihr Weltreich.* Mainz: Philipp von Zabern, 1989.

Franke, Herbert, *China under Mongol Rule.* Aldershot, Hampshire: Variorum, 1994.

Franke, Otto, *Geschichte des chinesischen Reiches. Eine Darstellung seiner Entstehung, seines Wesens und seiner Entwicklung bis zur neuesten Zeit.* Bd. V. Berlin: De Gruyter, 1952.

Fuchs, W[alter], „Drei neue Versionen der chinesisch-koreanischen Weltkarte von 1402", in *Studia sino-altaica. Festschrift für Erich Haenisch zum 80. Geburtstag*, hg. von Herbert Franke. Wiesbaden: Steiner, 1961, 75–77.

Guignard, Elise [Üs.], *Marco Polo: Il Milione. Die Wunder der Welt. Übersetzung aus altfranzösischen und lateinischen Quellen und Nachwort von* ... Zürich: Manesse, 1983.

Haeger, John W., „Marco Polo in China? Problems with Internal Evidence". In: *Bulletin of Song and Yüan Studies* 14 (1978), 22–30.

Henze, Dietmar, „Polo, Marco", in *Enzyklopädie der Entdecker und Erforscher der Erde*. Graz: Akademische Druck- und Verlagsanstalt, 2000, Band 4, 164–387.

Hermann, Albert, *An Historical Atlas of China*. Amsterdam: North Holland, 1966.

Hou Renzhi 侯仁之. [Hg.], *Beijing lishi dituji* 北京历史地图集. Beijing: Beijing chubanshe, 1988.

Kölla, Brigitte: *Der Traum von Hua in der Östlichen Hauptstadt – Meng Yüanlaos Erinnerungen an die Hauptstadt der Song*. Bern: Lang, 1996.

Latham, Ronald [Üs.], *The Travels of Marco Polo*. Harmondsworth, Middlesex: Penguin Classics, 1958.

Moule, A. C., and Paul Pelliot [Üs.], *Marco Polo. The Description of the World. Translated and annotated by* ... London: Routledge, 1938.

Moule, A. C., *Quinsai. With Other Notes on Marco Polo*. Cambridge: Cambridge University Press, 1957.

Reichert, Folker E.: *Begegnungen mit China. Die Entdeckung Ostasiens im Mittelalter*. Beiträge zur Geschichte und Quellenkunde des Mittelalters, Bd. 15. Sigmaringen: Thorbecke, 1992.

Rieger, Dietmar, „Marco Polo und Rustichello da Pisa: Der Reisende und sein Erzähler", in *Reisen und Reiseliteratur im Mittelalter und in der Frühen Neuzeit*, hg. von Xenja von Ertzdorff und Dieter Neukirch. Chloe: Beihefte zum Daphnis, 13. Amsterdam-Atlanta: Rodopi, 1992, 289–312.

Rouleau, Francis A., „The Yangchow Latin Tombstone", *Harvard Journal of Asiatic Studies* 17 (1954), 46–365.

Schütte, Hans-Wilm, *Chinas Große Mauer. Die Wiederentdeckung eines Weltwunders.* München: Orbis, 2002.

Stange, Hans O. H., „Ein Kapitel aus Marco Polo", in *Studia sino-altaica. Festschrift für Erich Haenisch zum 80. Geburtstag*, hg. von Herbert Franke. Wiesbaden: Steiner, 1961, 194–197.

Waldron, Arthur N., „The problem of the Great Wall", *Harvard Journal of Asiatic Studies* 43.2 (1983), 643–663.

Wood, Frances, *Did Marco Polo go to China?* London: Secker & Warburg, 1995. (Deutsche Übersetzung:) *Marco Polo kam nicht bis China.* Übers. von Barbara Reitz und Bernhard Jendricke. München: Piper, 1996.

Yang Zhijiu 杨志玖, „Bainian lai woguo dui 'Make Boluo youji' de jieshao yu yanjiu",百年来我国对《马可波罗游记》的介绍与研究, *Tianjin shehui kexue* 天津社会科学 1996.1, 73–80, 1996.2, 52–57 (via: www.studa.net)

———, „Wo he 'Make Boluo youji'" 我和《马可波罗游记》, in *Xuelin chunqiu* 学林春秋, hg. von Zhang Shilin 张世林. Beijing: Chaoyang chubanshe, 1999, 585–600 (via: www.eurasianhistory.com/data/articles/d01/658.html)

Yule, Henry [Üs.], *The Book of Ser Marco Polo the Venetian concerning the kingdoms and marvels of the East. Translated and edited with notes. Third Edition revised throughout in the light of recent discoveries by Henri Cordier.* London: John Murray, 1875.